中公文庫

日本航空一期生

中丸美繪

中央公論新社

目次

日本航空一期生

プロローグ

昭和二十六（一九五二）年十月二十五日、羽田空港は朝もやに包まれていた。

午前七時四十三分、国内線定期空路の第一便が滑走路にむけて、ゆっくりとタクシングをはじめた。東京から大阪を経由して福岡をめざす「もく星号」である。

この一番機は日本航空で「もく星号」と名づけられたマーチン202型。米国でも最新の中型輸送機として注目を集めている機種で、米国ノースウェスト航空からのチャーター機だった。

三日前に「もく星号」はアメリカから到着し、翌日には札幌や福岡への試験飛行を試みた。各飛行場には多くの飛行機ファンがひとめ「もく星号」を見ようとおしかけ、マスコミを賑わしていた。

機体の両翼と垂直尾翼には鮮やかな赤い日の丸が描かれていた。

そして、胴体には赤線二本と「日本航空」の文字がある。

「もく星号」は滑走路の南端でいったん停止した。遠くの大空を見すえるかのように一呼吸おいてから、ゆるゆるとまた動きはじめた。最初のゆったりとした動きから徐々にエンジンの回転数を増していく。広く開けた視野の中、一直線に滑っていく。

轟音が羽田空港にこだました。そのスピードは浮揚速度に達したのか、機体の脚がフッと宙に浮いた。そのままの角度で、「もく星号」は滑走路の先の天空をめざして上昇をつづけていった。

その国内線第一号を空港から見守っていた日本航空の社員たちがいた。飛行機に向かって手をふり、その雄姿に涙を流す者もいた。日本人が日本の空を取り戻した瞬間でもある。日本の戦後高度成長はここからはじまったといってもいい。また多くの飛行機野郎にとって、まだまだ困難はあったが、この第一便はかすかな希望への足がかりだった。


第二次世界大戦の敗戦で無条件降伏した日本に、連合国側はいっさいの航空関係の活動禁止を通達してきた。戦時中に「神風特攻隊」として恐れられた日本人が操縦席にすわることは論外、国内にあったすべての飛行機は破壊された。

敗戦後六年がたって、やっと日本人による民間航空会社の設立だけが認められたのである。しかし、羽田空港はまだ連合国側の管理下におかれ、日本人パイロットが操縦することは許されなかった。この一番機の正・副操縦士はいずれもアメリカ人だった。日本人パイロットは「乗務事務長」の名で同乗していた。操縦桿をにぎるどころか、整備も日本人の手でおこなうことは許可されていない時代である。

サンフランシスコ講和条約の発効を控えて、唯一営業権だけが与えられるという変則的な経営で「日本航空株式会社」は三か月ほど前に、資本金一億円で出発した。一〇〇パーセント民間からの出資であった。

この日、飛行機もパイロットも外国の航空会社に委託した運航とはいえ、やっと日本の空に日の丸をつけた飛行機が舞ったのだった。

羽田を離陸する「もく星号」

民間航空再開をめざして日本航空の設立に奔走した人々や社員にとって、この日借り物にせよ、日の丸をつけた日航機を青空に見ることはひときわ感慨深いものだった。一番機の機影が大空のかなたに去り、見送り人や報道陣が去ったあとの飛行場、占領下の羽田基地の荒れ果てた一隅には、東京支店長以下十三人とパッセンジャー・ステップなど数台の機材、小型乗用車一台が取り残されていた。それが当時における「日本航空」の羽田における全陣容だった。職員は連日の不眠のために眼を充血させて、七坪ほどのバラックの仮事務所にひきあげていった。しかし、これは「犬小屋」と社内では呼ばれていた。

とうとう一番機を飛ばすまでにこぎつけたという誇りは、彼らの胸のなかに熱く燃えていた。

この本は、日本航空を創業し、その草創期に働いた人々の物語である。現在の日本航空の姿だけを知る人にとっては、まったく驚くべき話ばかりが登場する。日本の社会全体もまるで別の世界のように思える時代のことである。

わたしは日本航空に勤務していたことがある。在籍したのは五年にも満たないが、日本航空のあらゆることに関して他人ごととは思えない。あまり自分には向いていない職場だったと思うが、愛社精神といってもいい日本航空への思いは今も変わらない。

当時、就職活動において大卒女子は企業にとっての厄介者だった。女子社員の新陳代謝のために「長く勤めなくてもいい」などという言葉が、堂々と面接官から発せられる時代だった。さらに女子には自宅通勤者限定という条件もつけられている場合がほとんどで、地方出身の大卒女子は就職戦線で憤懣を爆発させていたものだった。

ところが、ナショナル・フラッグ・キャリアたる日本航空にはそんなしばりもなく、その公平感だけでも女性の職場としてはきわめて進歩的に映った。

学生時代にイギリスで語学研修を経験して以来、英文学を本気になって研究するか、働くなら海外へとつながる職場を選びたいと思っていた。そのころから書くことに興味をもっていたわたしは、エッセイのネタもあるのではないか、と考えて日本航空を選んだことも思い出す。

半年間の地上職勤務を経て、客室訓練所で四か月半近く国際線客室乗務員になるための研修をうけた。緊急事態から飛行機の詳細、客室サービスについてなど、厚さ数センチの十冊にものぼる膨大なマニュアルを学ぶ日々だった。

その後、日本航空は完全民営化し、日本航空と日本エアシステムとの経営統合も成った。民間会社として利益を上げるためには、国内線を主要路線として持つ会社との統合は避けられなかったという。

ところが、まもなく各種のトラブルが発生して乗客は激減し、平成二十一（二〇〇九）年には政府保証付きの公的融資を受けた。

しかし、それにもかかわらず翌二十二年には東京地裁に会社更生法の適用を申請、金融会社につぐ過去最大級の破綻となった。

日本航空（ＪＡＬ）は人気企業のひとつで、国民からも支持される優良企業だった。それなのに、なぜそこまでおかしくなってしまったのか。

各種トラブルが発生してきたころ、十年ぶりに同期会を開くことになった。海外で結婚生活を送って一時帰国するはずの同期もいた。この会をきっかけとして、みなでスチュワーデスＯＧ会に入会した。かつて見かけた懐かしい顔もある。名簿をみると、一期生の方々の名前も載っていて、スチュワーデスの元祖一期生たちはご存命だという。私は日本航空の根っこが知りたくなって、創業期に在籍した乗務員や地上職の社員の方々を訪ね、日本航空の歴史を調べはじめた。

第一章　創業前夜　占領下で

エアガールに　CIEの職員を経て

スチュワーデス一期生の小野悠子（旧姓竹田）にあったのは、港区白金台にあるホテルである。

「わたしが日本航空につとめたのはもう大昔の話で、現在の日本航空とは会社の形態も社員の数もぜんぜん違う時代だったのです」

悠子はわたしが取材したときには八十歳を越えていた。四年間勤務したあと結婚退職し、商社マンの夫とともに海外生活をたびたび経験した。日本に住んでいるときには、つねに英語教室を自宅で開いていたほど英語に魅せられていた。

夫がロンドン駐在になったとき、娘たちを全寮制の学校に入学させることにしたが、悠子は校長にたのみこんで、みずからも全寮制の生活を体験した。その後、娘たちの手がかからなくなった四十三歳のとき、銀行から資金を借りて渋谷に英語学校〈Hampton School of English〉を設立した。自校の生徒たちをいずれはイギリスへ夏期留学させたい、そう考えて悠子はイギリスへたびたび飛び、伝手《つて》も何もないところから留学への道を切り開いていった。昭和五十一年、六十人の中高校生をオックスフォード近郊の学校に夏期留学させることになった。街は沸き、悠子や生徒たちは市長らの大歓迎を受けた。中高生のイギリス留学のパイオニアである。そこまでの話をきき、私は一見、おっとりした悠子の好奇心と行動力に圧倒されていた。

足こそは数年前に転倒したためにスムーズとはいかなくなったが、年齢より十歳以上若くみえ、日本航空に入社した二十代にはそうとうの美貌だったことが、その顔立ちからわかった。

わたしが日本航空に入社したときには、「容姿端麗」の条件はなくなっていたからこそ応募もできたのだが、かつてはそんな空恐ろしい条件があった。

それは社内のダイナミズムになんとなく反映されていて、歴代のスチュワーデスは「神話の一ケタ、化石の二ケタ、美貌の百期、知性の二百期、体力の三百期」といわれている。ジャンボジェット機の登場により大量輸送時代となり、それに対応するためにスチュワーデスの入社試験に初めて体力測定がとりいれられた三百期以降、客室乗務員は大幅に増えた。四百期以降となると諸説入り乱れ、実際には選りすぐりを集めたとの説もあるが、先輩たちからは「向こう横丁の四百期」「どうでもいい五百期」などと揶《や》揄《ゆ》されたものである。さらに六百期代のスチュワーデスについてとなると、もうそんな冠もつかなくなったのか、どうだったのか。

民営化後は、契約社員制度もとりいれられ、「契約何期」という呼称も使われるようになった。

さて、調べてみるとスチュワーデス一期生の募集にあたっては、以下の文面で小さな求人広告が新聞掲載された。

　エアガール募集
資格　20―30歳身長一、五八米以上体重四五瓩―五二、五瓩迄
容姿端麗新制高校卒以上英会話可能東京在住の方
採用人員　12名履歴書写真上半身全身各一身長体重記載同封郵送
締切　八月二日（当社到着の事）面会日を通知する
　東京都中央区銀座西八丁目一番地
　電話銀座（五七）〇一〇三―四・〇八四五・四二二二・六三六一
　　日本航空株式会社創立事務所

この広告は昭和二十六年七月二十日から二十二日にわたって、毎日、読売、産経、朝日、東京、日本経済新聞の各紙に掲載された。とはいっても八行だけのごく小さな広告

で、これに目を留めるには、新聞を詳細に見ていなければわからないはずである。

日本はまだ占領下にあったものの、サンフランシスコ講和条約と日米安保条約の締結がなり、国際的地位をやっと回復した時期だった。

前年六月には朝鮮戦争が起こり、この戦争が特需をうながし、経済は復興にむかいつつあった。この年の正月からNHKラジオで紅白歌合戦がはじまり、九月には名古屋、大阪などで民放の本放送がはじまった。ヴェネチア国際映画コンクールで黒澤明監督の「羅生門」がグランプリに輝いたのもこの年である。日本はようやく戦後の混乱と窮乏から抜け出そうとしていた。

敗戦時に連合国軍最高司令官に任命されたマッカーサーは四月にその職を罷免され、かわりに最高司令官としてリッジウェイが来日した。占領下で定められた諸法令は再検討されることになった。

さて、この年、竹田悠子は銀座の天賞堂に勤務していた。

天賞堂では貴金属や眼鏡、カメラなどが売られていたが、彼女は店内にあるタックス・リファンド（外人向けの税金払い戻し）のカウンターで通訳をしたり、税関に提出する書類の記入などをしたりするのが仕事で、店員とは別待遇の高給をもらっていた。このカウンターにカメラやレンズなどを買おうと現れるのは、進駐軍の高給取りの米国人たちだった。

もともとここに勤務することになったのは、兄が天賞堂の社長令息の家庭教師をしていた縁である。悠子は英語が堪能だということで、通訳として採用された。

それにしても、なぜ竹田悠子はそれほどの英語力をもっていたのだろうか。その能力を身につける過程は、敗戦後の日本の歩んだ道を象徴しているようにも思えるのである。

ここで悠子のおいたちについて触れてみたい。

悠子は昭和三（一九二八）年十月、神戸で生まれた。父親は貿易商をいとなむ進取の気性に富むハイカラな人物で、悠子は大きな影響を受けて育った。悠子が外国への興味をもったのも、この父の存在がある。

一歳違いの兄は旧制中学を卒業すると、上京して慶應義塾大学へ進んだ。この兄がいたおかげで、悠子はのちに上京できることになる。

女学校（現・御影高校）時代は政治家になった土井たか子が親友で、彼女が「お坊ちゃま」、悠子が「お嬢ちゃま」という愛称で同級生からは呼ばれた。卒業すると神戸にある頌栄短期大学を受験して七十倍の倍率のなか入学を果たした。この短大は校長がフランス人で、幼児教育で名を知られていた。

すでに太平洋戦争における敗戦の色が濃くなってきていた時期である。

竹田家も昭和二十年六月には空襲で自宅を焼失し、一家は父の実家である熊本に疎開することになった。

しかし、短大に通っている悠子は勉学をつづけたいと主張して、ひとり神戸に残った。短大には寮があって、そこから通うことは可能だったからだ。とくに幼児心理学と、美術科の担当だった画家小磯良平の授業があったために、熊本には行きたくなかったのである。

空襲警報のサイレンが鳴るたびに授業は中断され、いっせいに山にある防空壕まで走って行った。暗い穴のなかで女学生たちは身をひそめ、B29という最新型の敵機の去るのを息をひそめて待っていた。

やがて長い戦争が終わった。悠子は「これで思う存分勉強することができる」と考えた。

ところが、いざ終戦を迎えると平和は訪れたものの、食糧事情のほうはさらに厳しくなった。寮での食事も提供されなくなり、悠子はやむなく短大を休学して熊本に向かった。

八月末にはアメリカ軍を主体とした連合国軍の進駐がはじまり、マッカーサーが率いる連合国軍最高司令官総司令部（GHQ／SCAP）の指令を日本が実行するという形で占領が開始された。この占領政策が悠子に新しい出会いをもたらすことになる。

熊本にはGHQのCIE（民間情報教育局）の図書館ができ、それが一般に開放されていた。悠子は何千という英語の本がおさめられた図書館で、閉館時刻の夜の九時まで過ごすようになった。女学校時代に英語は少し習ったものの、英語の原典に接する環境は初めてである。身のまわりのものに不自由し、洗髪もなかなかできないような生活だったが、悠子は満ち足りていた。

ＣＩＥとは占領政策の一環としてアメリカ文化の普及をめざす部署である。また、ＧＨＱの検閲のまえに教育的指導をおこなう機関でもあった。つまり日本の軍部によっておこなわれていた検閲は戦後解除され、かわってプレス・コード、ラジオ・コードに関する覚え書きがＧＨＱより発表された。それにもとづいて軍国主義や国家主義、封建的忠誠心や自殺を是認するものは禁止され、民主主義的な傾向の発展をうながす政策が勧められた。

つまり戦時中の情報局の検閲にかわってＧＨＱが検閲をはじめたわけだが、民主主義を建前としているアメリカの検閲は、まずＣＩＥの教育的指導を経たあとでおこなわれたわけである。悠子が通った図書館は、このＣＩＥが、アメリカの文化と英語の普及のために、日本のおもな県庁所在地に開いた図書館の一つだった。

連日、悠子は図書館で英語の原書を読みあさった。幼児用の絵本から少女むけの小説、英字新聞などを辞書を片手に読破していった。

毎日通ううちに悠子は、日系アメリカ人ジャーナリストと知り合った。彼女はアメリカの新聞社の日本駐在員として派遣されていた。五十歳ぐらいにはなっていただろう。

彼女のもとに地元の大学の先生なども集い、まもなく英会話のクラスが週に一回開かれるようになった。まだ若かった悠子の語学力は飛躍的に伸びた。

昭和二十二年十月には図書館の創立記念行事があった。熊本県知事や市長、教育長などの挨拶のあとで、壇上にのぼることになったのは悠子だった。演題は「アメリカの童話と遊び」だった。

ほどなく悠子は図書館に就職することになり、昭和二十四年からは図書館で開講した「子供英語教室」の初代講師に任命された。

子どもが対象の英語の参考書などもなく、悠子は手製の紙芝居をつくったり、歌やゲームなどで工夫したりして英語教育をおこなった。最初わずか数人ではじめたクラスは、一年後には百人の生徒を集めるほどになった。悠子の功績はＧＨＱに報告され、顕彰の手紙が届けられもした。

悠子はアメリカという国自体に興味も覚え、さらに英語にのめりこんでいくことになった。

やがて占領政策は転換期をむかえ、慕っていたジャーナリストも米国に帰国してしまった。

そんなときに大学を卒業した兄からの手紙がきた。

〈岩波書店に就職が決まった。上京してこい、東京にはいろいろな職がある〉

悠子も熊本から外の世界に出てみたい気持もあった。外に出て、なにかハイカラなことをしたいと思っていたのである。それを察した父も悠子をうながしてくれた。悠子は長距離列車で東京に向かい、兄の縁故で十二月からは、すでに述べたように天賞堂で働くことになり、破格の給料をもらえるようになったのだった。

それから一年もたたないうちに、悠子は日本航空のエアガール募集広告を眼にして、躊躇することなく応募した。この小さな広告を目にして、唐突に悠子の胸に「飛びたい」という欲求がわいた。戦後禁止された民間航空の再開は国民的関心事で、航空に関する政治的なやりとりなども新聞紙上を賑わわせていたのである。

小野悠子はまっすぐにわたしを見つめながら、その応募したころの気持ちを優しいおだやかな口調で語っている。

「エアガールがどんな仕事をするかなんて、まったく考えなかった。ただ〈飛びたい〉という一心で応募してしまったの」

これからは飛行機の時代である。日本航空は国内線をまず飛ぶが、国際線をもつことを視野にいれていることも知った。習得した英語も活かせる職場だろう。悠子が望んだまさに憧れの職業だった。悠子はさっそく履歴書などを送付した。

ところが広告の小ささにもかかわらず、さらに掲載から十日間だけの募集期間にもかかわらず、日本航空の創立事務所には千三百通にのぼる履歴書が送付されたのである。

家計のために　陸軍士官学校校長の娘

スチュワーデス一期生の金林政子（旧姓伊丹）に会ったのは、渋谷の日本料理店である。政子は一年に何回かは日本航空の後輩たち数人と会食の機会をもつ。この日も三十九期、四十七期生、破綻によって退職となった四百期代の年若い三人の後輩たちと会う日だった。

政子も悠子同様、昭和三年生まれで八十歳を越えていたが、足元を見ると靴はピンヒールである。すでに高いヒールの靴をはかなくなってしまったわたしにとっては、その年齢でヒールの靴を毎日はいているということは驚異だった。長く社交ダンスを習っていて、いまだに気力体力知力ともに充実している様子が、その声の張りや大きさからもうかがえる。バイタリティ溢れるこの先輩は、二十代のときにはどんなに溌剌とした、輝くような女性だっただろう。

「わたしは十四年間飛んでいました。三十五歳で職場結婚、三十八歳で出産して退職したけれど、数年後にふたたび日本航空に戻ったわ。訓練所で着物の着付けなどを教える教官として十七年間。結局、日本航空には出産をはさんで三十一年間つとめていたことになるの」

それではわたしも訓練所で会っているはずだった。

わたしが勤務していたころは、スチュワーデス二人が機内サービスとして和服に着替えていた。ファーストクラスでは女性パーサーがロングドレスを着用した。優雅な時代であった。着替えは小さなラヴァトリー（化粧室）のなか、長い着付けの時間はとれないから、その着物は実は上下に分かれていて、帯も作り帯だった。しかし訓練所での着付け講座では本当の和服が使用された。そんな講座で政子に教えを乞うた可能性がある。

それほど長い日本航空勤務の端緒となるエアガール募集に応募したころのことについて問うと、即座に答えが返ってきた。

「じつは日本航空のエアガール募集を知ったのは、応募締め切りの当日のことだったの」

つまりそれは、昭和二十六年八月二日ということになる。

そのころ政子は銀座にあるサヱグサに勤務していた。現在サヱグサは子供服の老舗として有名だが、当時は紳士ものなどもあつかう総合衣料の店として、松坂屋の向かい側に大店舗をかまえていたらしい。政子はこのサヱグサの紳士部のネクタイ売り場に配属されていた。

エアガールという仕事が、実際にどういうことをするのかはよくわからなかった。

「けれど、サヱグサにお勤めするよりも高給を得られると思ったの。それに兄嫁の影響があったかもしれない」

　募集広告には給与についての記載はないが、政子はそれよりしばらく前に婦人雑誌かなにかで、外国の航空会社に勤務することになった日本人のエアガールたちの談話を読んで、この仕事が男性の大学卒業以上の給料を得られることを知った。

　政子には稼がなければならない事情があった。政子が生まれたとき父は五十六歳で、すでに退役軍人となっていた。戦時中までは恩給が支給されていたが、敗戦後はそれもなくなり、政子の肩に一家の家計がのしかかっていたのである。

「でも創業当時の日本航空では、外国の航空会社ほどお給料は高くないことをあとで知った。それどころか遅配もあって。給料日にお給料が出ないこともあったの。ところがそのうちに、休日がとれないほどたいへんになってしまった。あのころほどスチュワーデスがたくさんフライトして働いた時期はないのではないかしら」

　家計のために、ともかく政子は日本航空に入らなければならなかった。

　母からは「お父様は陸軍中将にまでおなりになられ、陸軍士官学校の校長先生をしてらした」と幼いころから聞かされていた。ところが家庭での父からは軍人の片鱗が感じられない。厳格でもなく、政子には優しいだけの父であった。

　父が軍人だったということを証明するとしたら、足に戦争で負った障害が残っていることぐらいだった。

政子には十六歳年上の兄が一人いたが、慶應義塾大学を卒業するとすぐに中国大陸に渡ってしまった。政子の母方の祖父が外交官だったから、兄も早くから外国に出たがっていた。兄は満州の地で結婚した。

政子がすくなからず影響を受けたのが兄嫁である。日本郵船の船長をしている義父の話もまた愉快で、政子の胸にも海外への憧れが生まれた。

その兄嫁が聖心女子学院を卒業したこともあり、政子は母の通った東洋英和でなく、初等科から聖心に通いはじめた。

聖心はカトリックの学校で外国人宣教師のマザーたちが英語を担当していたが、戦争中には敵性語ということで英語は禁止、マザーたち外国人は長野県の軽井沢に軟禁状態となって学校を去った。そのため政子は英語の勉強はほとんどしていなかった。

昭和二十年の三月には中等科を四年で繰り上げ卒業し、宮内省総務部に勤務した。

政子が敗戦をむかえたのは勤務していた宮内省でである。

「コレヨリ畏《かしこ》クモ天皇陛下ノ御放送デアリマス。謹ンデ拝シマスルヨウ」

正午よりはじまった玉音放送に、皆、起立して直立不動の姿勢で、ラジオに向かって頭を下げていた。君が代の奏楽が流れ出す。いよいよ玉音が聞こえはじめたが、難解でなにをおっしゃっているのかよくわからなかった。結局、無条件降伏らしいというところで、ラジオは終わった。戦争が終わったのかどうか実感はなかった。

政子が敗戦を肌で感じたのはその直後である。放送後、宮内省から退出して、宮城の前に出ると二重橋付近には少なからぬ人々がざわめいていた。

すぐそばに軍服姿で土下座している男もいた。政子が見ていると、彼は「申し訳ありません」と短く言葉を発して地面に突っ伏してしまった。腹を刺したのである。これまで物語のなかでのこととしか思えなかった切腹を政子は目前で見た。

これが敗戦だった。

たいへんなことになる。いったいこれから日本はどうなっていくのだろう。

世田谷区池尻にある伊丹家には、戦争中から父を訪ねて多くの教え子が出入りしていた。陸軍士官学校の校長であった父の弟子には、東条英機をはじめ大東亜戦争にかかわった陸軍士官たちが大勢いた。父自身は、日本はアメリカと戦うべきでない、戦っても結果は見えているという考えだった。

それは父が独身時代に、大使館付武官として海外生活を経験していたせいかもしれない。南米ブラジルに赴任したときには、ブラジル大使館員らとともに移民のきっかけをつくった。そこで公使の内田定鎚《さだつち》に気に入られて、結局はその娘と結婚することになった。

その後、ニューヨークに三年、ロンドンに三年滞在した。そういった経験から世界の情勢や米国の国力については熟知していたのだ。

ところが教え子である東条英機は対米開戦を主張し、昭和十六年に首相となると日本は太平洋戦争への道をまっしぐらに突き進んだ。結局、マッカーサー連合国軍総司令官が厚木におりたち、日本は進駐軍により占領されることになった。

宮内省は改組され、政子は職をうしなった。それでしかたなく聖心にもどり、いわば家政塾とでもいうような聖心の専門学校英語科の一期生となった。

進駐軍が自宅を接収するかもしれないとも伝えられた。池尻の家は外国にかぶれた父が建てた洋館で、進駐軍が住むには適当な家だった。しかし、なんとか父の教え子たちが阻止してくれた。

戦後は父の恩給も絶たれ、伊丹家の家計はますます逼迫《ひっぱく》してきた。ある日、母の嫁入り道具だった置物や着物などが一夜にしてなくなった。借金もあったから、そのカタにもっていかれたのだった。生活のため政子は専門学校を辞めて、銀座のサヱグサに勤めだした。

兄一家は満州で敗戦をむかえていた。翌年の秋に無一文となって引き揚げてきた。多くの男性たちが敗戦時にシベリアに連行されるなかで、抑留されなかっただけでも幸運だった。

さて、日本航空の募集は知ったものの、その日が締め切りというぎりぎりであった。

履歴書をなんとか出さなくてはならない。履歴書を書くことはたやすいが、そこに貼り付ける写真がいる。現在のように即席の写真ボックスなどない時代である。政子はサヱグサの向かい側にある松坂屋の写真部に急ぎ、履歴書用の写真をとった。写真ができるまでにはなんと数日を要するという。

履歴書が間にあわない！　写真を貼った履歴書はととのわないが、なんとかならないものだろうか。応募に間にあわせることはできないだろうか。

政子は思い立つとその足で、日本航空の創立事務所にむかった。松坂屋からはすぐ近くで、こうなったら体当たりしか手段はないと思ったのである。

「そうですか、履歴書はないのですね。お名前は伊丹政子さん？」

応対してくれたのは江頭という男性である。

「履歴書はあとでお届けします。さっき松坂屋で写真を撮っていただきましたから、数日中には持参することができると思います」

「そうですか。わかりました。ところで、伊丹さんはどちらにお住まいですか。ああ、池尻ですか。では来ていただかなくても、僕は桜新町ですから、会社の帰りにいただきにいきましょうか。伊丹さんのお宅はどういうご家族？」

のんびりとした、人情味にあふれた時代だった。

伊丹は父のこと、満州引き揚げの兄のこと、自分のこと、家庭の事情でどうしても日本航空につとめたいと思っていることなどを率直に話した。まだ両親にはこの応募のことは相談していないということを除いて。

こんなときには、退役したとはいえ陸軍中将だった父の経歴は物を言った。

突然、飛び込んでいったものの、なんとか応募に間にあわせてくれることになったのである。直接持参したことで、これが事実上の面接試験ともなったようだった。

政子が出むいたのは銀座八丁目にある、平成二十六（二〇一四）年まで銀座日航ホテルが建っていた場所である。ここに日本航空の原点である創立事務所がおかれていた。

現在では高級クラブがひしめきあう周辺の町並みは、当時はまだ下町情緒があふれていた。「君の名は」で有名になった数寄屋橋の下には外濠の流れがまだあり、闇市のたつ新橋までつづいていた。

料理店もやっと営業が再開され、このあたりにあった芸者置屋も活気をおびてきていた。昼下がりには姐《ねえ》さんたちが弾く三味線の音が聞こえ、宵には送り迎えの人力車が行きかう。夜の風情のある界隈は本社の場所としてはちょっと粋すぎるのではないかとも思えたが、人通りが多くて目につく場所ではあった。

敗戦から六年がたったとはいえ、日本はまだ占領下の時代である。復興は進まず、経

占領下の羽田飛行場管制室

済安定九原則がかえって足かせとなり、占領下の体制はしだいに民主化から遠ざかっていたところ、前年後半には朝鮮特需景気がおこって、やっと経済復興の光が見えはじめた。

日本航空設立の過程では会社の形態をめぐって国を二分する議論がたたかわされた。このときもし、もうひとつの道を歩んでいれば、日本航空という会社は存在しなかった。

当時、占領下にあって日本政府はアメリカの意向をくみとるほうに動いていたから、アメリカ資本の航空会社が設立されていたはずだった。それに対抗して、いわばオールジャパンによる結束の結果として、一〇〇パーセント民間資本の日本航空がやっと設立されることになったのである。その背景には、ひとりの男の存在があった。松尾静磨である。もし彼がいなかったら、日本の航空業界の発展は相当に遅れただろう。日本航空という会社自体成立しなかったといえるのである。

時計の針を敗戦直後にもどしてみる。

航空禁止

昭和二十（一九四五）年十一月末、敗戦をむかえた年の秋も深まってゆこうとしていた。皇居をのぞむ日比谷濠に面して十本の方柱のある第一生命館。この皇居を見下ろす形のビルには、連合国軍最高司令官総司令部（GHQ／SCAP）がおかれていた。

焼け跡のなかから、この壮麗な建物の階段を上がって行く男の姿があった。四十二歳の松尾静磨である。日本人にはめずらしく面長《おもなが》の顔に口ひげをはやしたこの長身の男は、GIの立つ検問をぬけて中に入っていった。

松尾は逓信省航空局に次長として勤務する役人である。

敗戦時、航空局には現役軍人の部長や課長が在籍しており、文官である松尾の部下にも航空戦に参加した少佐や中佐がいた。また航空局傘下には全国にある十六か所のパイロット養成所もあり、練習機だけでも一千機を所有する大所帯だった。しかし、その航空局の機能も無条件降伏とともに休止状態となってしまった。

連合国軍の、とはいっても事実上は米軍の単独占領といっていいものだが、その占領政策では、まず航空局の官僚一人ひとりが公職追放の対象となった。

〈好ましからざる人物の公職からの除去および排除〉、すなわちパージは昭和二十三年五月までに旧軍人、政界、財界、言論界、教育界などの分野から二十一万人あまりを追放に処することになる。その家族、親族をふくめればおそらく百万人以上の日本人がパージの影響を受けた。該当者はただちに罷免され、退職金は支給されず、社会から抹殺されたも同然であり、「泣く子も黙る占領軍」を国民に実感させたのである。

松尾にもパージの嵐が迫っていた。しかし、自分が対象になるはずがない、と松尾は考えていた。いったい、松尾が航空局でおこなってきたことは戦争協力になるというのだろうか。ただただ民間航空につくしてきただけではないのか。

GHQへの提出書類を前に、松尾はこれまでの来し方を思い返してみるのだった。そもそも役人にはなろうと思ってなったわけではなかったのだ。それどころか、航空に関係する仕事につくことになろうとは思いもよらなかった。

佐賀県の松浦川上流、草深い杵島《きしま》郡若木村（現・武雄市）で幼年時代をおくった松尾は、小学校の修学旅行までは汽車すら見たこともなかった。初めてそれを眼にすると機関士になることを長く夢見て、手先が器用なこともあって技術屋になろうと思った。

飛び級で入学した旧制佐賀高校を経て九州大学工学部機械工学科を卒業、地元九州の製鉄会社をめざして就職活動をしたが失敗した。

前年に金融恐慌が発生して、日本は不況のまっただなかにあった。しかたなく東京で職を探して入社したのが電気会社で、ここで技術屋として飛行機のエンジン「天風《あまかぜ》」の設計をすることになったのが、航空との縁のはじまりである。

学生時代に延期となっていた兵隊検査では甲種合格となった。福岡県太刀洗飛行第四連隊に幹部候補生として入営することになったのは、旧制高校時代に家庭教師をした友人の妹・藤井ふみと結婚した十日後だった。一年後には見習士官で除隊となる。

ところが、世の中の不景気はさらに深刻となってこの会社は倒産目前、ツテをもとめて交通・通信・電気を管轄していた逓信省航空局へ、航空関係の検査官として転職した。役所では転勤をくりかえすが、つねに航空関係の部署を渡り歩いてきた。

まずは京城（現・ソウル）の朝鮮総督府の検査官として赴任、大卒の検査官がいないからだれかよこしてくれといわれてのことだったらしい。ここで高等官となって、つぎには、商業に従事する日本人が二百人ほどいる人口五千人の小さな村の蔚山《ウルサン》にある総督府の飛行場長となった。飛行場長とはいっても、福岡の雁の巣飛行場と京城をむすぶ一日一往復が原則だったので、きわめてのんびりしたものだった。

このとき松尾は二十九歳で、なんとか貫禄をつけたいと思って口ひげをのばすことを思いついた。以来口ひげをはやしつづけている。酒をのまない下戸《げこ》の松尾の楽しみといえば、高等学校時代以来つづけていた庭球だったが、この町では狩猟の愉しみを覚えた。妻や子どもも呼び寄せ、小さな町の生活は充実していた。

この路線を平壌、大連まで延長し、内地にもどったのが昭和十三年、大阪飛行場長への転任命令によってである。この時代、大阪の飛行場は木津川にあって面積も狭く、離着陸時には付近の工場の煙突に飛行機が接触するような事故が起こっていた。そのため松尾の任務もこの飛行場の改革だった。

　松尾がしてきた仕事というのは、もっぱら日本の民間航空に関する仕事である。

　もっとも松尾は四度も召集されているから、戦争に関係していないとはいえない。前線に行ったことはなかったが、終戦時には予備役の陸軍航空中尉の位となっていた。


　さて、日本人が初めて空を飛んだのは、ライト兄弟による世界初有人飛行からわずか七年後の明治四十三（一九一〇）年である。しかし、このときに飛んだ動力付飛行機は二人の軍人が留学先の欧州から買って帰った独製および仏製のものだった。政府は航空機の重要性をわかってはいたものの、当時はまだ外国から輸入すればいいと考えていた。

　世界の航空技術が進歩の一途をたどるのは、大正三（一九一四）年に勃発した第一次世界大戦がきっかけだった。日本でも航空の研究をしなければ世界の進歩に乗りおくれるとして一挙に気運が高まり、東京帝国大学に航空研究所ができた。

　しかし自国産の航空機製造までには長い年月がかかり、実験機「航研機」を製作して周回航続距離で世界記録をつくるのは昭和十三（一九三八）年まで待たねばならない。

　大正十一年には日本航空輸送研究所によって、まず郵便や貨物の輸送のために、堺から徳島へ定期航空第一便が飛んだ。わが国の民間航空の曙である。使用機は海軍払いさげの水上機であったり、飛行艇だったりしたが、まもなく路線は今治、高松、別府へとのび、二十名ほどの旅客輸送もおこなうようになった。

翌年には朝日新聞社がつくった東西定期航空会が、東京＝浜松＝大阪の定期便を開いた。つづいて川西機械製作所が日本航空株式会社を設立して、大阪＝別府＝福岡の運航を開始、航空会社の創立があいついだ。

しかし、昭和二年の金融恐慌によって事態が変わった。労働・小作争議、山東出兵など激動と波乱にみちた昭和史を象徴する出来事が起こった年でもある。休業する銀行は続出し、政府は打開策として国際貿易障壁撤廃協約に調印した。いっぽうで交通関係では小田急の新宿＝小田原線が開通、上野＝浅草間には初の地下鉄が開通して明るい話題もあった。

産業の合理化が進む中、航空運送事業は国家として保護育成すべきだとして国会で政府助成案が可決された。昭和三年には政府の肝いりで「日本航空輸送株式会社」が成立し、毎年政府から補助金を受けとることになった。このときの準備委員会の会長は渋沢栄一、副会長に井上準之助ほか四委員である。

この日本航空輸送は東京から大阪＝福岡＝蔚山を結び、松尾が京城＝平壌を経て満州の大連まで路線を延長したことはすでに述べた。欧米国内線並みの六〜八人乗り旅客機による定期航空便である。機材についてはアメリカやオランダから輸入した旅客機や、中島飛行機製の水上機や川崎造船所製旅客飛行艇などが使用された。

昭和六年には、わが国最初の国営国際飛行場として羽田東京飛行場が開場した。河口近い埋立地の半分を整備した三方海に面した土地である。満潮時の海面より六〇センチ高く護岸工事をし、一メートルの防波堤を設けた。

飛行場中心部にはカタカナで「トウキヤウ」の標識文字が記され、南北に長さ三〇〇メートル幅一五メートルのコンクリートの滑走路がつくられた。

国費で設置した初の公共用民間飛行場だったが、予算の不足で開場式などの晴れがましい行事はすべて省略された。翌年にはターミナル事務所、気象台、格納庫などが建設され、徐々に施設は充実をみせて飛行場の形をなしていく。こういった飛行場建設が航空局の仕事であった。

松尾の大阪への赴任も、地元に新しい飛行場をつくることにあった。松尾がGHQに対して誇れるのは、この大阪での仕事である。

新しい飛行場長の赴任に知事をはじめ政財界は期待を寄せ、大阪へ向かう列車のなかに報道人が乗りこんできて、松尾への取材をはじめるほどだった。問題は飛行場をつくるにも政府には金が無いということだった。

しかし、松尾はあきらめなかった。知事や大阪逓信局長らと語らい、政府に金がなければ民間から資金を募ればいいと考えて「大阪飛行場建設準備募集委員会」を作った。ここに法人のみならず関西からさまざまな後援者が現れて、目標の三倍の資金が集まったのである。

松尾は新飛行場として伊丹を選定し、資金計画から敷地買収まで、若さにものをいわせて朝から晩まで飛び回ったものだった。さらに自身で滑走路の設計までしてしまった。これが現在も存続する伊丹飛行場である。あまった資金で軍との折半で八尾にも飛行場をつくり、これはのちに航空局に寄付した。

伊丹飛行場がほぼ出来あがると、次にはターミナル・ビルの建設を計画した。金も集まり、二階をホテルにして阪急電車をターミナル・ステーションの地下に入れるという構想のもとに設計図もでき、いよいよ工事にかかろうとしたときに、戦争が本格的になって、惜しくもこの計画は挫折してしまったのだった。ときに松尾は三十五歳だった。

航空長官からは「三十五歳といえば航空局ではせいぜい課長クラスだが、その課長で仕事らしい仕事をしたのは松尾くらいのものだ」と褒めたたえられた。

軍部勢力の増大にともなって昭和十三年に国家総動員法が成立すると、航空界でも満州航空などとともに民間会社はすべて合併され、国策会社である「大日本航空」が設立された。軍からの兵器の質向上の要求は想像を絶し、とくに航空機はその最たるものとなり、皮肉にもその発達たるや、敗戦までの約二十年間に日本は航空技術の後進国から一躍世界水準へと躍り出たほどだった。

陸・海軍機として約八万三千機が生産され、戦闘機がその四〇パーセントを占めた。海軍の零戦《ゼロせん》は一万四千機、陸軍の隼《はやぶさ》は五千七百機にのぼる。

また、大日本航空は近代輸送機の先駆けともいえるダグラスDC3型機も所有し、この米国名門ダグラス社の手になる双発機は日本でもライセンス生産され、軍用輸送機としても用いられてきた。

しかし、これら軍事関係のことは、役人としての松尾の任務とは関係がない。松尾は伊丹飛行場など、航空局で遂行してきたことだけを調書にしたためてGHQに提出した。

いまやすべてのことがGHQを通さなければ決定されなかった。無条件降伏によりあらゆる政策にGHQが介入する、それが占領ということだった。

東京では主なる施設がつぎつぎと接収された。代々木練兵場、月島埋立地、深川埋立地、帝国ホテル、第一ホテル、東京港、九月には東京飛行場、つまり羽田飛行場にも米軍の兵隊約五百名が自動小銃をたずさえて進駐した。その後、海老取川以東の住宅、諸施設の接収を発表、居住者は二週間ほどで全員が立ち退かなくてはならなくなった。

米軍は接収した土地にこれまでの数倍の飛行場を建設する予定で、A滑走路と呼ばれることになる長い滑走路工事にも着手しようとしていた。

羽田飛行場にはマッカーサーの専用機であるバターン号が駐機し、米軍機が発着する。

外国の民間航空会社も飛行をはじめ、名称は「東京飛行場」から「ハネダ・アーミー・エアベース」へと変わってしまった。伊丹や八尾など各地にある飛行場は米軍の進駐により管理もできず、いまや雑草が茫々と生い茂ったままになっている。

日本人からすべての航空機をとりあげるとは、アメリカはそれほど日本の航空の力を警戒しているのだ。

敗戦によって日本は植民地をはじめ千島、樺太など多くの領土を失っていた。だが同時にこのとき日本の空が失われたことに気づいた者は、関係者を除けば稀であったかもしれない。だれも航空などを気にとめる余裕はなかったのだ。

輸入食糧の配給、物価統制など、大衆はその日の食べ物にありつくことを第一に考えなければならなかった。主食の配給はときに増配となったが、全国で遅配がつづき、あげくの果てに遅配分が打ち切りと発表されることもあり、ヤミ物資がなくては生きていけなかった。

十一月中旬、ＧＨＱは航空禁止令（ＳＣＡＰＩＮ三〇一）を発令した。これは軍にまつわる航空のみならず、産業をになうはずの民間航空までもが対象となっていた。日本国と日本人のためのあらゆる航空活動が禁止されることになったのである。民間航空をふくむ航空事業はもちろん、航空機製造のための学術的研究、教育、設計、製造、運航も禁止された。軍事のみならずおよそ飛行機に関するいっさいの活動が日本人の手からとりあげられてしまったのである。唯一、「ホビー」として飛ばない模型をつくることだけが認められた。原っぱではあてつけに飛ばない模型をつくりはじめる飛行機愛好家もいた。

敗戦後に残った飛行機という飛行機もすべて破壊されることになり、各地の飛行場で黒煙があがった。羽田では進駐軍のクレーンにつりあげられ、ブルドーザーに踏み潰され押されて、飛行場にあった鴨池に消えていった。

大日本航空がつかっていた事務所はもちろん、格納庫や工場は、戦中に爆撃されてところどころ大きな穴があいて補修もなされないまま米軍に接収された。しかし、その大日本航空も十月八日をもって解散させられた。

職員たちは羽田を追われ、大日本航空は「緑十字飛行」と称する終戦処理だけを命じられていた。そう呼ばれたのは米軍機に軍用機と誤認されて撃墜されないように、胴体に大きな緑十字を塗りつけていたからである。

日本の航空界の元締めである航空局も十二月に解体されることになり、同時に各地の飛行場の施設自体も破壊されるとささやかれはじめていた。何千人もの局員が配置転換されることになった。

松尾は唇をかみしめた。そんなある日、航空局長に呼び出された。

「GHQから民間航空について説明できる者をよこせといってきた。航空局が解体されるというときにどんな話がでるのかわからないが、民間航空について説明を詳細にできるのは君のほかにいない。君がいちばん民間航空に詳しい。君の責務だと思ってひきうけてくれ。頼む」

局長の言葉は、松尾に出頭第一号になれ、といっているものである。ＧＨＱに出むけば、執拗な質問にあうだろう。しかし、松尾には民間航空を背負ってきた自負がある。いちばん民間航空に詳しい自分が頑張らなくては日本に航空の将来はない。これまで築いてきた日本の航空界のなにもかもがＧＨＱの思うがままにされてしまう。アメリカは民主主義を標榜して、結局のところ日本の軍事力を支えてきた航空界を根こそぎにするつもりらしかった。

なんとしても飛行場と日本の航空技術だけは温存しなくてはならない。将来の航空再開へつなげるために、破壊されてしまった飛行機はともかく、航空保安施設としての機能や基礎的技術だけでも維持する方法はないものだろうか。

重苦しい廊下を進んで、松尾は担当者に向かって言った。

「全国に何か所かある航空灯台や航空無線をこれまで管理してきた航空局を完全に整理してしまったのでは、なによりもあなたがた占領軍が困るのではないですか」

日系人の通訳が強気の言葉を吐く松尾の顔を凝視した。

飛行場は日本人が使わなくても彼ら占領軍は使うのである。全国の航空灯台、航空無線、空港など、航空に必要な保安のための諸施設の活動は運営されるべきだった。それらを残すことは将来への最小限の足がかりと思われた。

ＧＨＱの担当官は黙していた。

日本が過去二十数年歩んできた航空行政の道を急に断ち切ったために、じつはＧＨＱ側にもいろいろな不便が生じてきていたのである。

その日、松尾はそれだけを口にするとＧＨＱを辞した。十二月の航空局の解散にともなって自分も辞職することになる。役所の同僚たちはそれぞれ民間会社への勤め口などを探したりもしていた。

しかし、松尾はまだ動いていない。戦前より航空一筋、航空だけで生きてきた。飛行機のエンジンの設計、滑走路の設計など関わってきたものはすべて飛行機。航空以外に能がない。

ＧＨＱから、意外な回答があったのはそれから一週間ほど後のことだった。

「航空保安施設の保安維持のため、〈航空保安部〉の設置をせよ」

また「飛行場の維持運営は日本政府の責任においておこなえ」という別命が付けられていた。

つまりＧＨＱは航空局は解体するものの、電波局の付属機関として「航空保安部」を発足させるというのである。松尾は胸をなでおろした。日本の航空を壊滅されることだけは防御できたのである。占領軍自身も困るだろう、という理屈が案外功を奏したのだと感じた。初代部長には松尾を任命してきた。

航空活動を禁止されたこの最悪の時代にあって、何年か何十年先かはわからないが、わが国に航空が再開される日に備えることだけはできる。その間にはまた予想もしないこともあるだろうが、いかなる困難があろうとも最小限の足がかりだけは温存させなければならない、と松尾は心の底でつぶやいた。

航空保安部

神田橋を渡って日比谷のほうに歩いてゆくところの川沿いに、戦災をまぬがれた木造二階の建物が二棟あった。

外側に塗られた白いペンキは灰色となってぼろぼろに剝げ、外観は見る影もない。窓ガラスの縁のパテは落ちて十文字に細い幅の紙が貼られ、防空の名残をとどめていた。ところどころガラスのない窓枠には、みかん箱のふたが釘でうちつけられたままだった。

付近には中央気象台の殺風景なコンクリートの建物だけがぽつりとあって、屋根には椀を四つ付けたような風速計が空虚な音を立てていた。

B29が神田、本郷に大空襲をおこなったときに、このあたり一帯は焼夷弾で焼きつくされた。荒れ果てた街の先には、遠く隅田川の橋まで眺めることができた。瓦礫の小山はそのときから整理されぬままになっていた。

建物のなかに残された水道管の蛇口は布切れで縛られているものの、隙間からは雫がぽたりぽたりと落ちている。

建物の入口には看板が下がっていた。歪んでこそいたが、達筆な字で「逓信省航空局」と書いてある。これは戦中からの看板で、航空局などとっくに廃止されているのに、進駐軍からの注意もないのでそのままにしてあるのである。

たてつけの悪いドアを押して入ると、入口の左側が名ばかりの床屋だった。古ぼけた理髪台と、顔だけしか映らない大きさの鏡と洗面器があるだけの店である。

航空局は昭和二十年十二月三十日をもって解散させられ、松尾は小所帯ながら、ここで初代航空保安部長という肩書きで働きはじめていた。

航空保安部とはいっても、現実的には米軍の出先機関のようなものである。日本の飛行機はすでになく、米軍機のために航空無線、標識、灯台などの維持管理に当たっていて、なんら積極的な仕事はなかった。

ＧＨＱが無線施設を増やそうというときにその位置を選定したり、建設の補助をしたりする。また、飛行場の滑走路の拡張や改修を監督する。ＧＨＱの軍人がじかに日本の業者を監督するのは難しいというので、その間に入って各飛行場の建設工事現場に事務所を置いて監督するというのが仕事で、いわば米軍機のための「土方の親分」といったところだった。唯一、飛行機が飛ばせるのは、緑十字飛行のみだった。

航空保安部は二課とし、せいぜい百五十人の所帯とするよう厳命された。

松尾が悩んだのは、その人選をどのようにするかであった。

かつて航空局に在籍していた優れた技術者たちを分散させないようにしなければならない。彼らが雲散してしまっては将来の日本の航空界の再建が不可能となる。せめて中核機関だけは温存しなければいけない。定員の上限が決められたため、航空局の文官を残すのではなく、松尾は運航と整備の技術者を優先した。

民間からもエンジン、機械、無線関係の者を優先的に採った。優秀なパイロットも採用したい、とはいっても飛行機がないから操縦することはないのだが。

それでも松尾は操縦士や機関士を厳選して採用した。彼らをこれらの諸施設に送り込み、本職ではない飛行場や航空無線標識のメンテナンス業務に従事させた。飛行場で連合国の空軍機に接することによって、最新の運航や整備の実態を見聞させようと思ったのである。

彼らの専門を、いまこの航空保安部で活かすことはできないかもしれないが、いつか民間航空が再開することになれば即刻、戦力となる人材である。それまでの間、事務はもちろん航空関係のすべての仕事を身につけてもらおう。ここで得た事務知識も、やがて日本の民間航空が再開されるおりには必要とされるはずだ。

南方などに抑留されていたかつての先輩や同僚たちも引き揚げてくると、松尾を訪ねてきた。もう航空局などは姿を消してしまって、日本の航空界には知っている顔などないと思っていたところに、松尾が残っていた。

「ほそぼそとながら君が孤塁を守っていてくれて、こんな嬉しいことはない」

そんな言葉を口にしながら、握手をもとめてくる。松尾もそういってもらえると胸が熱くなった。

航空保安部がやがては日本の民間航空の基礎になるという噂は広がり、さらにいろいろな方面から飛行機野郎たちが集まってきた。そのなかには伊丹空港時代からの知人で、のちに日本航空の社員となる斎藤進もいた。南方から引き揚げ、彼自身が勤めていた大日本航空は解散させられていた。斎藤は連日、松尾を訪ねてきた。伊丹の田園のなかに空港を夢見て、滑走路の設計図をひいた松尾を「おやじ」と呼び航空の先輩として慕っていた。

進駐軍のシビリアンの操縦士のなかにも、「将来日本に民間航空ができたら、お前はいろいろなことができるぞ」とささやいたりするものもいる。

ところが、それらはすべてGHQには筒抜けで、ある日松尾は呼びだしをうけた。こんなとき松尾が同行させるのは次長の大庭哲夫だった。

松尾は学生時代テニスの選手だったが、航空局時代から後輩にあたる大庭は早稲田大学時代にバスケットボールの日本代表選手で、スポーツ愛好という点でもウマがあった。のちに大庭はオリンピック・メルボルン大会で日本代表監督をつとめ、その後もメキシコ・オリンピック日本選手団団長をつとめた。バスケットと彼の人生を切り離して語ることはできない。

理工学部卒業後は軍隊生活を経て航空保安部に技術屋として入り、夜間飛行のための照明施設や飛行機の電気系統の整備にうちこんでいた。その後無線設備を手がけ、今日の地上保安施設の基礎をつくった「松尾の弟分」である。

さて、GHQに出向くと、松尾には非難の言葉が浴びせられた。

「君たちは余計なことをやりだしている。民間航空をつくるために陰謀をたくらんでいるのではないだろうね。こういうことをやっているとやけどをする。こちらは君らの行動を詳細に調べているので、いつ、どういう者が君を訪ねていったということさえわかっている」

松尾は、MPにつけまわされている、と感じたことがあったのを思い出した。

「占領下において民間航空はのぞめない。許可するまでは絶対に飛行機を飛ばすことはありえないことだ。軍から命令された仕事以外はいっさいしてはいけない。こちらが指示した仕事さえやっていればいい。それが守れないなら、沖縄にでもやってしまうぞ」

松尾は釘を刺されたそのあとでマッカーサーの面前にまでまわされ、最後の砦とも思っていた緑十字の連絡飛行さえ停止されてしまった。それに使っていた飛行機もすぐに破壊されることになった。じつは先の飛行機の破壊命令のときも、松戸や古河など地方にあった逓信省の乗員養成所には、飛行機が放置されたまま残っていたのである。しかし、それらもとうとう全部焼かれてしまった。日本に飛行機と名のつくものはいっさいなくなり、GHQの言いなりの仕事だけが残った。

連日訪ねてくる斎藤の動きも、GHQは把握しているのだと感じた。

「お前、あまり局にやってくるので、進駐軍から航空再建をたくらんでいると誤解されて、沖縄にやると言われたぞ」

「そうなのか、おやじ。いやなアメリカ軍め。おやじに迷惑かけるといけないから、わかった」

斎藤は松尾への訪問回数を減らさざるをえなかった。

GHQに呼び出されるたびに、松尾は航空保安部を何度辞めようと思ったかしれなかった。

「仕事をして怒られたのでは、なんのために仕事をしているのかわからない。投げだしてしまおうか」

やけになって大庭に愚痴を言うことも多くなった。

航空保安部は予算面でも日本政府からは継子扱いというありさまで、大蔵省からは「民間航空がいつ再開されるかもわからないのに、無駄な人間をかかえておく予算は到底出せない」と言われていた。

そんななか、米国空軍の参謀に松尾に理解をしめす航空監察官アーレン空軍大佐がいた。アーレンは航空部門の責任者として軍部、民間を問わず、日本の航空力の根絶をはかることを目的とした対日政策実施の任務をおびていた。

しかし、それと同時に米国空軍は、夜間および悪天候時にそなえて、緊急着陸用の飛行場、電波誘導装置、通信施設、さらには多数の米国将兵を帰国させるために、航空機整備技術者の確保も必要としていた。これらの緊急な役務を提供するためにいったん解体された日本航空界の管理や技術能力が、ふたたび結集されることはきわめて当然だという認識をアーレンはもっていた。

「戦争に負けたのだからいまは君たちも苦労が多いだろう。しかし五年もすれば、日本では必ず民間航空が開始される。その間にはいろいろと困難なこともあるだろうが、デマや憶測にまどわされずに、いまから着々とその準備をしておいたらいい。君たちの仕事はいつかかならず陽の目をみる日がやってくる。がんばれ、ミスター・マツオ。君のところのグループががっちり守っていけば、きっと民間航空が実現する日がくる。米軍が理不尽なことを言ったら私のところに来てくれ。できるだけ力を貸そう」

占領して数か月間、日本の輸送および通信施設がいちじるしく破壊されていたため、アーレン大佐は、日本政府に対して緊急航空輸送の実施を許可せざるをえなくなった。彼の管轄下で、日本政府は終戦処理活動をおこなったのだが、これらの運航業務が称賛に値する技術と正確さで効率的におこなわれたのは驚くべきことだった。このことからアーレンは日本において民間航空がかならず再開されるだろうと思うようになった。そのためには日本側代表になっている松尾が中心とならなければならなかった。

松尾は心のうちに秘めた心情をごく親しい人以外には打ち明けていなかった。それなのに、アーレンは松尾の内面を察してくれた。その言葉にどれだけ励まされたかわからない。日本政府からは冷たい言葉を浴びせかけられていたのに、この米国人は違った。航空に対する気持ちで松尾とつながっているのだ。

松尾はなにかにつけてアーレンを訪ねるようになった。そのときにはつねに大庭哲夫をともなっていた。言語上の問題や解釈上の相違点を明快にするための努力もはらわれた。失われた翼を取り戻そうという松尾の気概に、アーレンもうなずいて話をきいてくれた。

当時は食糧難で砂糖の入ったコーヒーなど飲むどころではなかったが、アーレンを訪ねると湯気のたったコーヒーが出された。彼は敵対国の代表だったが、それよりはむしろ尊敬すべき友人に対するような感情がめばえてきた。

予算についても彼の暗黙の了解と尽力により、日本政府からかろうじて生き延びるに足る予算をもらえることになったのだった。彼こそは日本民間航空再開の第一の恩人だった。アーレン大佐の厚意は松尾の身にしみた。

松尾は将来の民間航空の再開に備えて、操縦、無線、技術、エンジン、機体、検査にわたるそれぞれのベテランを温存することができた。しかし戦後の混乱のなかで、民間航空について政治家も新聞も見向きもしない時代がつづいていた。

ところが、米ソ対立の激化と朝鮮戦争の勃発をきっかけに、占領政策が急速に変化しはじめる。

外資か国内資本か　白洲次郎の動き

敗戦直後からGHQの許可を得た世界の航空会社は、東京に乗り入れてきていた。当初羽田に発着する外国の航空会社は七社、月平均百七十便、二千人の出入国者と貨物を運んでいた。

戦後、日本に一番乗りしたのは、米国のノースウェスト航空で、昭和二十三（一九四八）年七月からシアトル＝ホノルル＝ウェーキ＝東京を週二便開設した。アメリカ最大の航空会社パン・アメリカンもノースに負けられないとばかり、二か月遅れで羽田に乗り入れ、路線はロサンゼルス／サンフランシスコ＝ホノルル＝ウェーキ＝東京である。太平洋線はこの二社が争っており、機材は一階がサロンで酒を提供し、「空飛ぶホテル」ともてはやされたストラトクルーザーだった。

同年十一月には英国海外航空（ＢＯＡＣ）、年末にはフィリピン航空が東京支店を開設し、マニラ＝那覇＝東京線の運航を開始した。

昭和二十六年までに運航をはじめたのは、スカンジナビア航空、カナダ太平洋航空、中華航空（民航空運公司）、エア・サイアム、オランダ航空など、さらに昭和二十七年にはエール・フランス、カンタス、エア・インディアが飛びはじめる。これらの航空会社は連合国軍総司令部の政策上の庇護を受け、またその意をくんで、東京と世界の空を連絡しはじめたのである。日本の空も外国会社に占領されはじめていた。また、東京飛行場における給油は当初米軍が担当、その後、昭和二十四年には米国の石油会社二社が給油所を開設する。

そんなか片山連立内閣で逓信大臣になった三木武夫はしばしば松尾を呼び出し、航空問題への高い関心を示した。ときどき官邸から遊びにこいという電話がはいって出かけていくと、そのたびに航空問題についての考えを求められた。

三木夫人睦子の回想によると、昭和二十三年に芦田内閣崩壊の際にＧＨＱ側から三木に首相就任の打診があったが、三木は「憲政の常道」を理由にこれを断った。

かわって公職追放にともなって鳩山一郎の後任総裁となり貴族院議員でありながら戦後まもなく首相となった吉田茂が、ふたたび内閣を組閣した。第二次吉田内閣である。三木はまだ四十一歳で松尾より若かったが、松尾は先を読んでいる政治家だと感心したものだ。

戦後三年が過ぎたころから、米国との間に講和の話が出はじめる。これは日本の民間航空が再開できる可能性をしめしていた。

国際線は外国航空会社が占めていたものの、日本の国内航空運送事業はいまだに空の空白地帯としてとりのこされていた。外国航空会社各社はGHQに競って事業許可を申請し、営業権をめぐる猛烈な争奪戦がはじまっていた。彼らは日本の空に民間航空の再開が許されても、ひきつづき自分たちの手で運航を独占しようという考えだったし、またたとえ日本人の手で航空会社の認可がとれたとしても、実権は自分たちが握るものと自信をもっていた。

ある日のこと、マッカーサー元帥の副官で元帥搭乗機の機長をしている少佐から、すぐGHQに出頭せよとの命令がきた。副官室に近づくと廊下に立っていた衛兵たちがガチャガチャと自動小銃に装塡した。松尾は思わずひやりとして身がすくんだ。どんなことなのか、怖れながら部屋の扉の前に立った。

中に招じ入れられると暗に相違して、少佐は新しい航空事業について諄々と説明しはじめた。松尾はその展開に驚いた。少佐は国内線の再開を当然のこととして続けている。「パイロットや飛行機はいっさい米国から持ってくる。日本側は経営事務を担当して欲しい。俺が社長になり、君は副社長だ。イエスかノーかすぐ返事をしたまえ」

松尾は面喰らった。しかも通訳を別室にしりぞけて、筆談による膝詰め談判である。まだ日本側はなにも用意していない。それどころか松尾自身、それほど事が性急に進むとは考えたことがなかった。

この計画は立ち消えとなったが、競争の今後を考えると松尾は気をひきしめずにはいられなかった。

その後も松尾の耳に、アメリカ人が日本で国内航空業務をはじめようとしている計画案がいくつか届いた。進駐軍の将校の中にも本国で民間航空に従事していた者が多数おり、講和後の日本国内における定期航空の利権に目をつけたのである。

松尾は情勢が緊迫しているのを感じた。ぼやぼやしていてはいけない。講和成立によって民間航空が再開できるならば、そのときには日本資本の航空会社であってほしいというのが松尾の考えだった。しかし、このまま行けば国内線は外国の航空会社によって支配されてしまう。

松尾は関係各所から意見をもとめられるようになると、「日本の国内線はあくまで日本人の手で自主的に運航すべきだ」と答え、政財界にも働きかけずにはいられなかった。

政界では民主自由党が絶対多数を獲得し、第三次吉田内閣が昭和二十四年二月に発足した。長期政権をになう吉田は日本国憲法第九条を基礎とし、安全保障はアメリカにゆだね、みずからは再武装せず、経済福祉の追求に全力をあげるべしという〈吉田ドクトリン〉を規範としていた。米国からみれば占領政策を忠実に履行する内閣運営だった。

いまでこそ国内線は自国の航空会社が飛ぶのが当たり前という感覚だが、占領下では日本国内便が外国航空会社に支配されても仕方がない、日本の実力からみてどうせ経営能力がないのなら、この際は外国航空会社にやらせたほうが安全だ、という考え方もあった。

当時、南米の空はパン・アメリカンがほとんど独占しており、競争相手のノースウェストは、日本の国内航空を一手に握ろうと猛烈な圧力をかけており、日本の政府部内にも相当食い込んできた時期である。

そんなときに日本のある財界人が、米国の航空会社に日本の国内航空をやらせようとの意向をもって動き始めた。

その財界人とは白洲次郎である。白洲は日本食料工業取締役などをつとめていたが、吉田茂との親交をきっかけに昭和二十年に終戦連絡中央事務局に入り、経済安定本部次長となった。第二次吉田内閣では貿易庁が新設され、その初代長官となっていた。

吉田内閣における側近政治ともいわれ、当時は民間人がこのような政治に加わることはなく、政界のみならず財界からも批判があがった時代だった。

この白洲の動きは航空人を驚愕させた。

日本はまだ敗戦の混乱のなかにあって、吉田内閣では金のかかる国内事業はアメリカに任せるという方針が貫かれていたのである。

松尾は民間航空の将来について煩悶した。

白洲案の通り、外国の航空会社が日本国内を飛ぶということで、果たしていいのか。日本の民間航空は日本人の手でおこなわれるべきだ、最初に外国資本にまかせたりしては禍根を将来に残すことになりはしないか。

しかし、日本には金もない。飛行機もない。それどころか、日々の糧《かて》を得るのにやっとの状況である。こんな状況で果たして民間航空を発展させていけるのかどうか。かといって外国資本で国内航空をはじめてしまっては、永久に日本の空は日本人の手に戻らないように思われた。

国内航空を復活させて、将来的に国際航空にのびていくためには、どうしても日本人の手ではじめなければならない。

GHQ側の感触を知る立場にある松尾は、時の大蔵大臣池田勇人を通して、民間航空開始のために政府の支援を訴え出た。ところが相変わらず、吉田の反応はつぎのようなもので、まったく歯牙《しが》にもかけられなかった。

「航空事業などというものは金のかかる贅沢な事業で、しかもひとつも儲からない。そんなものに金を出すなんて、放蕩息子に金をやるようなものだ。いま日本はそれどころではないのだから、航空事業なんて外国の航空会社にやらせたらどうだ」

そうこうするうちに朝鮮半島の動向によって航空保安部は格上げされることになった。昭和二十五年六月一日には部扱いだった航空保安部は電気通信省外局の航空保安庁として発足、松尾が初代長官となったのである。

日本の航空の復活は松尾の双肩にかかってきた。札幌、三沢、仙台、入間川、新潟、立川、横田、羽田、焼津、名古屋、大阪、岩国、防府、美保、高松、芦屋、福岡などの各都市に、航空保安事務所の設置も認められることになった。

ついに同年六月二十五日、北緯三十八度線付近で韓国と北朝鮮が衝突して朝鮮戦争が勃発、占領政策が一気に方向転換することとなる。

GHQの対応はすばやく、翌二十六日には日本国内航空運送事業に関する覚書〈SCAPIN二一〇六〉が通告された。これによって、日本に乗り入れている航空会社の一社に日本の国内路線が認可されることになった。

白洲の動きはおさまらず、運輸大臣の許可をえて、とうとうパン・アメリカン航空をひっぱってきた。具体的に航空会社と交渉をはじめているのか。松尾は動揺した。パン・アメリカンかといって、事態はなかなか白洲の思ったようにも運ばなかった。パン・アメリカン航空のみの案が、米国に利するということで不許可となったのである。

しかし白洲はすぐにまた別案を出した。日本に国際線として乗り入れている七社のうち六つの航空会社が共同出資して、新会社をつくる可能性を探り出したのである。

これを受け十月五日、GHQは共同出資会社JDAC「日本国内航空会社」（Japan Domestic Airline Company）の設立を許可した。

十一月一日には国内航空運送事業令が公布施行され、白洲の思惑どおりに航空事業が展開されそうだった。

いよいよ日本の空も戦勝国のものになるのか。松尾は焦った。

戦前から航空事業に関係した人々も、この事態に騒然となった。こんなとき元日本銀行副総裁の柳田誠二郎が同調し、松尾をひきつれて新聞社などをまわり、世論に影響をもつ論説委員などの説得にあたった。

柳田は日銀では国際派の代表的人物で、ロンドン駐在を二度経験しており、海外の事情に精通していた。日中戦争のおりには、輸入物資を得るために海外で金《きん》を売ることになったが、米国の対日感情が悪化して金をもっていけず、柳田が英国市場で売ることに成功して資金をととのえてもいる。

昭和十四年に帰国後は欧州事情についての講演依頼がつづいたが、日独同盟の時代なのにドイツの弱点を指摘し、英国の強みを話すことに終始したため、要注意人物とされたこともあった。戦時中には日銀理事となり、政府の委員会の役職などをつとめたため、敗戦の色濃くなったこの戦争をどうおさめるかなどについて、重光葵《しげみつまもる》や吉田茂らから意見を求められたこともあった。

戦後、日銀副総裁をしていたときに公職追放となり、足掛け六年におよぶ浪人生活をおくっている最中だった。のちに出版することになる『中央銀行金融政策論』の執筆だけが、そのころの柳田の仕事といいえばいえた。

柳田からすれば、日本が今後国際社会にのりだしていこうとするならば、自国の航空会社が当然ながら必要と思われた。日本資本の航空会社の設立を何とかしておしすすめたいという松尾を、後押しせずにはいられなかったのである。

国の航空政策を外国に頼ってよいものかどうか。二人は、ジャーナリズムに訴えつづけた。

松尾はアメリカに対して理論武装をする必要を感じた。この主張が正当であることの根拠の一つに、昭和十九年にシカゴにおいて連合国および中立国が戦後の世界の民間航空のありかたについて決定された事案をひいた。

すなわち「自国領域内での地点相互間の旅客、貨物、郵便物の運送はその国の固有の権利である」という条項である。今回のGHQ側のやり方はその条項を無視することになる。

アメリカは民主主義の国としてオープン・スカイ・ポリシーを推進している国だったから、他国の領土の上を外国の航空会社だけで飛ぶということには矛盾があった。

こうした国内の動静を察知して、米政府の民間航空局長ナイロップの代理であるテーラー中佐が、急遽来日して松尾に面会した。

松尾は航空行政そのほかの指導を受けるために、GHQにナイロップを頻繁に訪ねたものだった。彼はのちにノースウェスト航空の社長となり、日本航空設立時にも大きく関係してくる。松尾は反対の理由を聴取され、その席上、ナイロップはつぎのような提案をした。

「日本は講和条約の調印前には、独自の立場で航空機を運航することはできない。それでまず日本で航空会社をつくり、運航は外国の航空会社に委託したらどうか。これは、日本の民間航空を外国資本にはしたくない、という君の考えにもマッチするやり方だと思う。もしこれでよければ私はマッカーサーに進言するから、君は君のほうで関係大臣に話すように」

国内航空をすべて外国航空会社の手にゆだねることに比べれば、この案はたしかに一歩前進だった。

日本の航空会社を設立し、チケット販売などの営業部門は日本が担当し、運航部門は米英の航空会社が共同してこれにあたるという折衷案である。松尾はこの案をもって、第三次吉田内閣における運輸相山崎猛に相談した。山崎は保守政党の長老格である。

「おお、松尾君」

山崎は松尾の訪問を喜んだ。

「わしも困っていたところだ。実は白洲くんから、わしのところにも外国の航空会社と手を結べと、やいのやいの言って来てどうにも手を焼いている。彼のうしろには吉田首相がいるからね。しかし、外国の航空会社と組むというのは、わしとしてもどうにも納得できない。しかし、君のもってきたその案なら日本国のためになる。早急にその方向で推し進めてくれないか」

日本人の手で日本の空に航空機を飛ばすには、まずは日本の会社にしておかなければならないという松尾の考えと、時の政府側の運輸大臣の考えが一致をみた瞬間だった。

新聞は、外国航空会社が共同出資で国内航空を運営するという白洲案を報道した。外資に日本の航空のすべてをまかせるという案がどういうことであるか、ここでやっと日本の世論も盛りあがりをみせはじめたのである。外国会社と合弁になったり、飛行機を借りるために日本の空の支配権を渡すような条件をのまされたり、というようなことは絶対に排除されなければならなかった。

松尾からの連絡をうけ、テーラー中佐はマッカーサー元帥と四十分にわたる異例の会談をおこなった。

その結果、日本側で航空会社をつくり、運航そのほかは白洲が動いて設立されたJDACが担当する折衷案が認められた。

ついに昭和二十六年一月三十日、GHQは、運航・所有をのぞき、営業だけを条件に日本資本による国内航空運送事業認可の覚書を発効した。この覚書は、依然として日本企業には航空機の所有と運航はみとめないが、旅客・貨物・郵便物をとりあつかう航空輸送の営業部門だけをおこなう航空会社の設立を、とりあえず一社にかぎり許可するという内容だった。形だけをみれば、航空会社というより旅行会社だが、日本の航空界が一歩前進する通告だった。国内資本による航空会社設立の実現はすぐそこまできていた。

これに対して航空会社設立の免許申請は五社にのぼった。これほど申請が出てくるということを松尾は想像していなかった。

まずは、財界人として名高い藤山愛一郎が発起人となった資本金一億円の「日本航空」である。藤山は旧大日本航空取締役をつとめていて、「日本航空」には私鉄、日本郵船、日通など運輸関係者が集まっていた。若くして東京株式取引所の理事、東京商工会議所会頭、日本商工会議所会頭を歴任してきた藤山が中心になるこの会社は、財界人の支持も集めていた。藤山自身は戦時下で海軍省顧問、大政翼賛会総務、台湾拓殖監事など勤めたが戦後はパージにあった。追放解除によって財界に復帰して大日本精糖や日東化学工業（現・三菱レイヨン）を再建、引き揚げ社員に職を与えるために日東製紙を創立した。経団連会長の石川一郎も、このような藤山に協力していた。

つぎに、パイロット出身で参議院議員の尾崎行輝、その息子の行良、長野英磨らを中心に、旧大日本航空の乗員関係者が母体となる「日本航空」が名乗りをあげた。東急の鈴木幸七が代表となった「日本航空輸送」もあった。さらに阪急、南海、近鉄、ツーリスト・ビューローなどが組んだ「国際運輸」も現れた。また「日本航空輸送」は元立川飛行機パイロットが代表となったものであり、以上五社が松尾のもとに申請書を提出したのである。

松尾は困り果てた。こんなにたくさん航空会社ができてしまったのでは共倒れになる。追放が解除となった直後なだけに、各社ともそれぞれ有力な陣容を組み、会社をこれから興そうというエネルギーに満ちていて、なかなか折れそうになかった。山崎運輸大臣も日本人同士の競争を心配した。松尾は五社に対して、なんとか一社にまとめていただきたい、と要請するしかなかった。

それをうけて中心的人物となったのは藤山愛一郎だった。藤山は「合同一社案」を出し、山崎運輸大臣もこれに協力しようとしていた。

その結果、藤山と尾崎の「日本航空」が最後までつばぜりあいをしていたが、四月におこなわれた公聴会後に藤山を中心に急速に統合話が進み、ふたつの日本航空と東急系が合併され、「日本航空」の名前で集約一本化されることになった。

そして五月二十二日に、ついにこの会社が認可され「日本航空株式会社」が設立されることになったのである。松尾は役人として、ともかく日本資本の航空会社が設立されることに安堵した。

藤山が考えた社長人事は日銀出身の柳田誠二郎だったが、問題は幹部に航空技術にくわしい人材がいない、ということだった。

日本航空創立事務所

六月をむかえたある日、松尾のもとに森村勇が訪ねてきた。

森村勇は藤山と慶應幼稚舎時代に机をならべた親友である。藤山からすれば、森村が日本航空の本当の創立者だった。敗戦後、森村が現れて、「パン・アメリカンが南米の空を独占しかかっている。それと同じことが日本に起こってはたいへんだ」と熱っぽく話し、商工会議所との関係もあるから、藤山に出願人になってくれと頼んだというわけだった。

森村勇は、森村グループの役員を歴任するかたわら、戦前の大日本航空では監査役をつとめていた。森村グループは、六代市左衛門とその弟である父豊がつくった森村商事を中核として発展してきた。父は福沢諭吉の協力のもとニューヨークに渡って会社を設立して海外貿易をはじめ、陶磁器の売買で大成功をおさめた。これが陶磁器のノリタケの原点となり、その製造技術はＴＯＴＯ、日本ガイシなどの設立につながっていく。日本で第一号となった米国ＩＢＭ計算機を納入したのも森村商事で、その代理店でもあった。

しかし、勇は高千穂高商卒業後米国ハーバード大学に留学、そこで海軍留学生・山本五十六と知り合ったことによって、経済よりも航空に魅せられるようになる。昭和十四（一九三九）年、ニューヨークから東京に帰国する際には、一万七〇〇〇キロにわたる飛行を、二十分から一時間の滞在時間で乗り継ぐ計画をたてた。サンフランシスコ＝ホノルル＝ミッドウェイ＝ウェーキ＝グアム＝サイパン。サイパンからは大日本航空の定期飛行艇に乗り移って横浜まで、その行程を六日間で「翔破」する日本人初の記録を樹立した。これはアメリカでも大きな話題を呼んだ。ちなみに国内では「韋駄天・空の飛脚」「遂に六日で　空の韋駄天旅行の森村氏」などと報道されている。

新しくできる一〇〇パーセント民間の航空会社について森村が藤山と語り合うとき、技術面を担当する人物が見当たらない、というのが悩みだった。そこで森村は松尾を引き抜くしかない、と考えて航空保安部を訪れたのである。

「専務を引き受けてもらえないか」

松尾は役人なのだから、日本航空を側面から見守っていくのが本分であり、またマッカーサーの指令のもと役人の天下りはご法度の時代である。松尾は歯牙にもかけないはずだった。

ところが、なぜか松尾は森村の提案に動揺した。

この新しくできる日本の民間航空の創立には身骨を砕いてきた。役人になる前は民間会社で飛行機のエンジンの設計図をひき、伊丹空港の滑走路建設までみずからたずさわった。官庁で椅子を温めるより、実際の現場の魅力を肌で知っていた。松尾は、森村の話につい身を乗り出さずにはいられなかった。

「政府の許可が得られるのかどうか。もし了解がとれるのだったら、私としても日本航空へ行きたい」

思わずそんな言葉が松尾の口から出ていた。森村は満面の笑みでうなずいて帰っていった。

今度は藤山が動く番だった。向かったのは山崎運輸大臣の自宅である。

「わたしに異論はないが、官房長官がなんというか」

航空庁長官をもらうのに、運輸大臣の許可さえあれば簡単だとタカをくっていた。藤山はおかしいと思った。自分の部下の人事なのに、内閣の了解をうけなければならないという。それで藤山はつぎに官房長官を訪ねた。

そこでは「白洲くんが吉田首相の側近だから、彼のところに行って話してくれ」とまた結論がもちこされた。

藤山は、こんどは白洲に面会をもとめた。もとより知らない仲ではない。しかし、白洲はいい顔をしなかった。

「藤山くん、おれは反対だよ。というのは松尾くん個人に反対というのではないのだ。役人の天下りにぜったい反対だと主張してきたおれが、いまウンと言えるかい」

「しかし、松尾くんがなりたいというのではなくて、日本の将来の航空事業のためにこの人でなくては困るということなんだ。航空庁とはなんの関係もない」

「いろいろあるかもしれないが、それは今のおれの立場からではだめなんだ」

「なんとか総理に話してくれないか」

吉田に会う場合にはかならず白洲を通さなくてはならなかった。白洲が了解した事項だけが吉田に伝えられたのだ。やりとりは続いたが、白洲は承知しなかった。

藤山は数日後にはパリに発つことになっていた。日本がユネスコに加入するための代表となっていたのだ。そこには首相全権として同行することになっていた人物がいて、出発前に吉田に挨拶にいくという。そこで藤山はそれに便乗させてもらうことにした。

吉田は「君、ほんとうに松尾をもらいたいのか」と藤山にただした。

「本当にもらいたいのだ。おかげで民間航空の再開が許されることになったが、いざそれをやろうとしても中心人物がいない。日本の航空運営をこれからやっていくうえに必要な技術的立場、従来の経験、そういうものを持った人は松尾君以外にいない。これは日本にとってたいへんな仕事なのだから、ぜひ彼をもらいたい」

　吉田は藤山の言葉をかみしめているようだった。

「そうか、君がそれほどのつもりなら、わかった。ただこの話は運輸省からでなく、藤山君、君たちの要請だね？」

　藤山が即座にうなずくと、

「うむ、わかった。よし許そう」

　翌日には直接、吉田から藤山のところに電話があった。閣議で松尾の民間入りが了承されたのである。

　こうして、藤山は大手を振ってパリに出発することができた。

　ところが、日航創立総会を八月二日にひかえて人事でもめているという連絡がはいり、七月下旬までの会期だったユネスコの会議を途中で切り上げて帰国せざるをえなくなった。

　松尾が専務に就任するという人事について、吉田は了解したものの、社長人事については、イギリスで財務官をしていた大蔵省出身の人物を推してきたのである。

　また、航空郵便の問題があるというので、郵政省は自分のほうの代表を出したいといってきた。

　のちに日航は役人の天下り先として批判を受けることになるが、このようにそもそもの創立からさまざまな思惑にさらされていた。

社長人事については、最後は経団連会長が仲人役として調整をつけて、航空業界の将来と国際性を考えて、最終的には柳田が就くことになった。

ともかくも「日本」という名前を背負った国内航空輸送が再開にこぎつけられそうだった。

まずは営業部門を担当するのみだが、航空再開を願う人々にとっては敗戦ですべてをうしなった暗雲のなかに現れた一条の光だった。

第二章　日本航空創立　旅行会社のような民間会社

畳敷きの社長室

平成二十六（二〇一四）年三月まで、銀座八丁目には日航ホテルがあった。

この地こそは日本航空発祥の地で、創業直後の日本航空本社と東京営業所がおかれていた。もとは時計店だった古い木造家屋は、その時代には財閥解体で三分割された三菱重工の所有となっていた。社長となる柳田誠二郎の交友関係から、土地付きで二千数百万円で購入することができた。

二階建て一部が三階になっているこの建物は百十一坪あまりで、屋根のうえのモダンなはめ込み大時計が時計店の名残をとどめていた。

見かけは立派だったが、中は朽ちていて床はミシミシと鳴った。来客の外国人には靴を脱がせてスリッパをはかせたが、天井が低いので長身の頭は鴨居につかえた。柳田もつぎのように回想している。

「いくぶん恥じらった気持ちで、来日したスカンジナビア航空の社長を案内すると、

〈航空会社は社屋をよくする必要はない。社屋にかける金があったら、全部飛行機にかけないといけない。そして、飛行機はそれまでにたくさんの会社が使って、絶対間違いないという型のものを選び、それ以外買うものではない〉と助言された」

それまで航空界にまったく縁のない柳田にとって、これは航空会社の行き方をしめす金言となった。柳田は外に対してはＰＲを重視し、みずからが営業マンとして動いた。

柳田のセールスは以下のようなものである。そもそも飛行機運賃は高価なうえに、まだ公共交通機関として大衆にはなじみがない。しかし、じつはけっしてぜいたくな乗り物ではない。

つまり運賃は高くとも、福岡への出張ですら日帰りできる。時は金なりで、汽車の食事代や旅行先の宿泊代まで含めて考えると、日帰りできる飛行機のほうがかえって経済的である、という理屈である。

また、飛行機が危険でないことも力説した。柳田が使ったのは統計学である。飛行機の事故はひとりの人が七十年間乗り続けて初めて一度ある程度である。だから地に足が着いていないといって怖がる必要はない。

航空会社をはじめるにあたって、小型のプロペラ機でも一機二億円するのに、一億円という資本金で出発することが無謀であることは承知の上だった。柳田は資本をなんとか増やしていこうと必死だった。

大阪まで出向き、株主を探しもした。大阪商工会議所の会頭が、夏の暑い盛りをいっしょに歩いて回ってくれた。

「ひとつ日航の株をもってくれませんか」

スタイリストの柳田は内心無粋だと思いながらも、酷暑の難波《なんば》を増資のために歩きまわらずにはいられなかった。

さて、昭和二十六年七月三十一日、丸の内の日本工業倶楽部において創立総会がおこなわれた。資本金一億円、発行株式の九〇パーセントは陸運系七社と旅行会社が保有し、一〇パーセントが公募だった。なごやかな雰囲気で一時間ほどの総会が終わったあと、役員一同は本社に帰った。本社とは名ばかりのこの木造家屋は、まだ工事も済んでいなかった。ここに集まった役員と社員はわずか三十名あまりである。

創立当時の日本航空本社

日本の敗戦によって空を飛ぶことが許されなくなってから六年の歳月がたっていた。ふたたび民間航空機を飛ばしたいという一念だけに彼らは突きうごかされて、やっと日本航空が創立されようとしていた。簡素だが志をひとつに、慶祝の気持ちに満ちてビールの杯をあげようとしていた。社長となる柳田が一歩出てみなの前に立った。

「なにもないところに、航空事業を再開するのはまことに容易でない」

こう口火を切った柳田は、論語の「君子は和して同ぜず、小人は同じて和せず」を引用した。

その場にいた日航の幹部となる人々の出身母体は種々雑多である。会長の藤山愛一郎が財界人、柳田が日銀出身ということが象徴的であるが、陸海軍で飛行機を操縦していた人々がいると思えば、旅行代理店出身の人々がいた。戦前や戦争中だったらめぐりあうべくもない人々が一堂に会したのだ。その胸にやどる夢は共通しているとはいえ、会社としての一体感が保てるかどうか、それができなければこの事業の成功はない。

柳田は一人ひとりの顔を見まわしながら続けた。

「われわれは共々に力を合わせて、航空事業再開の任務を負うて働くことになった。われわれはこの奇縁を喜ぶとともに、重い任務を分かち負うのであります」

柳田は精神修養の人である。それは乳児のときに里子に出され、養子として育った生い立ちが関係していたとみずから回想している。そのため青年の多感な時期にノイローゼになり、その克服のために漢学や宗教関係の書を読みあさった。とくに禅には造詣が深くよく座禅を組んだ。

「仕事をしてゆくには和が根本であり、同時に切磋琢磨が必要である。議論すべきはあくまで議論し、研究すべきはあくまで研究する。そしてこれを統合するのは、和の精神でもってしなければならない。小人はすぐ付和雷同するが、気持ちのほうは通じていない。この新しい会社にはこれから先もいろいろな方面から人がはいってくるだろう。社長の私でさえ、航空事業にまったく関係のなかった人間である。だからお互いが仲良くして、しかも研究しあう態度でなければならない。

当分は本社も事務所も狭い職場で、骨の折れる仕事を営々としておこなわなければならない。空白の年月を経て、何もないところへ航空事業を再開するのはまことにもって困難きわまることである。これをやり遂げるには十分な覚悟をして、ともどもに手をたずさえて進むことが何より大事である。元気に愉快に仕事をしあげたいものである」

このときにはじまって、柳田は社長在任十年の間、ありとあらゆる場面で「和の精神」を説きつづけた。社員からは「また社長の和の精神か」とのつぶやきも出たほどである。

しかし、柳田にしてみれば、この新会社には社是もなければ社風もなく、社員のよりどころを創る必要があると考えた。

柳田は毎月その月生まれの若い社員を勤務後、社長室に集めて二時間ほど懇談するようになる。その席上でも心の持ち方といったものをよく話した。また人間として趣味をもつべきことを推奨したのだった。

翌八月一日、日本航空株式会社の設立が成った。

八月一日付けでまず三十九名の社員が採用された。

このなかに高木養根《やすもと》がいた。高木は京都帝大時代に起こった滝川事件で、文芸評論家となった花田清輝らと中心的な活動を展開して中退を余儀なくされ、治安維持法によって一年間の拘置生活を経験していた。その後、東京帝大に再入学をはたし、戦前は大日本航空に勤務、敗戦後は妻の実家の羅紗《ラシャ》店を手伝っていたが、最初の創立事務所スタッフにむかえられていた。

この月の下旬には、飛行機を賃貸して試験・招待飛行もおこなわれることになっている。新しく社員も採用しなければならない。高木は総務の所属となり、採用試験を担当することになる。

この夏は近年にないほどの暑い夏だった。

改装工事が進行中の本社ビルには連日、大工や左官が出入りし、一方でこの工事の喧騒のなかで、総務、営業、経理、航務、企画などの部署が動き出した。

一階には営業部と東京営業所がベニヤ板一枚で仕切られた。二階には、役員室、総務部、経理部、三階に企画室と航務部がおかれた。二階と三階は畳敷きで、役員室をのぞいては、そのうえにカーテン地が張られ鋲《びょう》でとめられた。

守衛、交換手、運転手、清掃人も、一社員として登録され各部署で働きはじめる。それでも足りずに、翌日には新しくタイピストが、またその数日後には、庶務課所属となる運転手も追加採用された。

八月十日には役員会が開かれ、東京、大阪、福岡、札幌の各支所長が任命された。月末になると、日本航空株式会社は百七十名の所帯となった。これに加えて、秋には技術系の社員の採用もなる。全社の平均年齢は三十歳というきわめて若い会社だった。

すぐそこの新橋の闇市には多くの人々が訪れたが、その闇市も立たない人もまばらな早朝から、夕方は日の傾きつくすまで、社員たちは営業の準備や内部組織の整備に追われた。大阪、福岡、札幌の各事務所もみな同様だった。

時計店は一階フロアだけはともかく体裁を整えるように改装されつつあったのだが、社長室は以前使われていた部屋のままで、畳敷きだった。

松尾はある日、柳田から呼ばれ社長室を訪ねた。靴を脱いで畳の上にすわって柳田と対座する。柳田は松尾がすわるのももどかしそうに、一幅の掛け軸を指ししめした。

それは、大正期からの言論人・政治家として名高い下村海南から贈られたものだった。

〈山上有山山幾層　波間無路路縦横〉

「ほほう、これは」

松尾はしきりにうなずいた。

松尾にも、敗戦後の日本で、果たして民間航空を発展させていけるかどうかという不安が常につきまとっているのである。柳田の心中を知ってわが意を得た思いだった。

松尾は郷土の先輩で裸一貫から独力で成功した実業家を訪ねて教えを乞うたことがあった。その人物は若いころから、人には想像できないようなあらゆる苦労をしてきた。仕事のうえでも、もうこれ以上はどうにもこうにも打開できないというような窮状に追いこまれたことが何回かあり、あるときは死を覚悟したことすらあったという。

しかし、それを経て今ではどんな窮状に遭遇しても、絶望したりあきらめたりすることはない。これまでの経験からして、どんなに道がないと思っても努力と忍耐と誠意でぶつかっていけば、かならず道は開けるものだという信念がもてたからだ。

松尾はその人物から、君もやるなら、努力と信念をもってやるのがよい、そうすれば、なんとか必ず道は開けてくるものだ、と説かれたのだ。松尾はその話を柳田にした。

柳田は松尾から出た話に意を強くし、二人はこの掛け軸を見つめつづけた。

狭き門

冒頭にあげたエアガールの募集広告をみてもわかるように、この時点ではまだ「日本航空」という会社はなく、応募先は「日本航空株式会社創立事務所」である。日本航空は八月一日に設立されることになっており、急ピッチで社員が集められているところだった。

さて、この日本航空第一回のエアガール募集に集まった申し込み千三百人のなかから、採用されるのは十二名ということになっていたのだから、百人に一人もないという狭き門である。

また同時期には、地上職社員も募集された。

「本社社員七十四名、地方（営業所、支所、出張所）八十八名、技術要員廿―卅名」

この二十から三十名の募集に対してそれぞれ千五百名前後が応募した。昔の飛行機乗りや航空関係者で、「ともかく飛行機のそばで働きたい」と日本航空を志願したのである。

航空関係は戦後の新しい職業として注目され、もらさず新聞報道がなされている。創立当時の日本航空は完全な民間会社であるが、国内航空の再開はこれまで禁止されてきた人々の航空熱をあおった。

「飛べないい鳥はニワトリだ」といって創立された千名の会員を有する鶏明社クラブだけがこれまで飛行機好きの集まりだったが、戦前の民間航空に関係した人々が集まって「日本飛行クラブ」が結成されたり、元航空局乗員養成所出身の若い操縦士たちが同窓会をつくったりと、にわかに空への関心が高まってきた。

出版界もそれに乗じて、ついさきごろまでは航空関係記事といえばほんの一部の科学雑誌がニュースをとりあげるくらいだったのが、つぎつぎに航空雑誌や写真集、模型飛行機指導書など、十種類近くが出版された。

さらに「航空タイムズ」「航空特報」「航空新聞」など新聞類もやつぎばやに創刊され、空飛ぶ人々はその気の早さも飛ぶが如くであった。

日本航空のエアガール募集広告の直前には、タイの太平洋航空会社がエアガールの募集をしている。七月二十一日が最終審査で、六百人の志願者から最後に残った二十五人が同社のＤＣ４機上に集められたという記事を見つけた。

〈六百人の志願者を二次、三次とふるいにかけ、最後に残った二十五人のお嬢さんだけにいずれも容姿端麗で自信たっぷり。『初めて乗った飛行機の乗り心地は』という審査員の質問に答えて『たった十五分では酔う暇もありません』と余裕しゃくしゃく。このうちの三人だけが晴れて文字通りの〝天職〟に就くわけだが、天女たちのサラリー三万円なり……とはさすが〉

これは日本経済新聞のコラム「窓」に掲載された。審査員には小説家の久米正雄もいる。

この日から三日後の七月二十四日には毎日新聞が、見事合格した三人のエアガールに取材した記事を大きな写真入りで載せている。給料が固定給三万円プラス乗務手当という高給だとある。また彼女たちの最終学歴は東洋英和、同志社、京都府立第二出身という、困難な時代でも高等教育を受けた三人で、外国語に堪能ということだった。どうやらここから女性のあこがれの職業としてエアガールは注目されはじめたようである。

伊丹政子が偶然に見た記事はこれだったかもしれない。

さて、日本航空のエアガールの一次審査は書類審査で、二次審査の面接は八月七日と政子は伝えられた。このエアガールという和製英語は当初のみで、これはすぐに当時、世界的に通用したスチュワーデスという呼称に変わった。

それにしても八月二日が応募締め切りで、七日の面接に間に合うように各人に面接通知を出すためには、一次の書類審査を一日で済ませなければ、都内宛郵便でも間に合わないという郵便事情である。審査員は七名だったから、写真と履歴書を審査するのに一名につき二十秒としても、ぶっ通しで作業をおこなって八時間半かかる計算となる。

書類審査合格の通知をもらい、伊丹政子が二次試験に出向いたのは丸の内にある日本工業倶楽部だった。

志願者千三百名のなかから二次試験に進んだのは、英会話ができて、容姿、教養とも満点と自負する自薦他薦の女性たち百六十八名だった。

四コマ漫画になるほど、マスコミの話題をさらっているスチュワーデスの二次試験は面接である。会場は華やかな雰囲気で満たされ、三十名を越える記者たちも駆けつけていた。

英語で面接するのはJDAC支配人ポール・ラストンとパン・アメリカン航空支配人夫人だった。

伊丹政子は英語に自信はなかった。聖心女子学院の英語科ではマザーたちから教えてもらっていたが、戦時中は敵性語として英語を学ぶことが禁止されていた。英語は知っているものの、流暢な会話はできない。でも面接での観光問答ぐらいはこなすことができた。この時代に育って、女性で英語がしゃべれるなんてごくごく特殊な人たちであると、政子は達観していた。

日本語で面接したのは、日本航空社長である柳田誠二郎と美代子夫人、日航の役員たちや女医だった。唯一顔が認識できたのは、女優の千葉早智子だった。

居並ぶ試験官のまえに進むと、「スチュワーデスの仕事はこれこれこういうことだが、大丈夫か」とか、「住所は」などと型どおりの質問が浴びせられた。

最後の言葉は「近くご通知を」と言われ、退散する。

これで四十人が選ばれ、その後さらに三次試験があるという。

いったいどうなるか。政子には、しかし、不思議に三次試験に進める自信があった。


さて、ここで時間を少しもどして、竹田悠子のその後へ戻る。

悠子は応募してから、書類審査の通知を待っていた。合格なら面接日時が知らされるだろうし、そうでなければなにも連絡はないのかもしれない。

そう思いながら日々を過ごしていた。そして二週間がたつというのに連絡がなかった。

書類試験に落ちてしまったと思っていた悠子のもとに、日本航空からペン書きの封書が届いたのは二次審査も済み、三次審査の日である八月十三日だった。

〈二次の面接試験で貴女をお待ちしておりましたが、おみえにならず〉と書かれていた。

そのあとに小躍りするような文面がつづいていた。

〈改めて試験をおこないたいので出向してください〉

あきらめたこの時期になって、このような知らせが届こうとは想像もしていなかった。

悠子は兄とともに江古田にあるお琴の師匠の家に下宿していた。兄からも激励を受けて、江古田から電車をのりついで、丸の内の日本工業倶楽部へむかった。

悠子だけの面接がまずはじまった。

「地上の仕事よりつらいですよ。サービス、立ち通しの作業、食事の世話、外泊の心配など大丈夫ですか」と審査員は尋ねてきた。

悠子は笑顔で返答した。

つぎに英会話の面接があった。悠子は英会話には自信があった。むしろ英語が使える進歩的な職場としてどうしても日本航空に勤務したかったのだ。

会場には数十名の女性がいて、女子大出が多いようだった。

午後からは知能検査と適性検査である。体をぐるぐるとまわされ、よろめかないで立ちつづけていられるかどうか、また碁盤のような台の上に立たされ角度を変えられ、どれだけの傾斜に耐えられるか、などの検査があった。

そのあとで国家公務員試験につかわれた問題による一般教養試験がおこなわれた。時事問題、算数、歴史、地理、文章理解、文章判断、図形判断、観光など一般常識が問われる筆記試験である。

これが三次の筆記試験だった。

試験は夕方近くまでかかり、悠子にとっては長い、長い一日となった。

まもなく試験係が現われ、唐突に五人の女性の名前を呼んだ。

悠子はちょっと不思議に感じた。合格なのだろうか、まだ採点はおわらないはずなのに。五人はお互いに眼を見合わせたが、すぐに外に待っていた車に乗せられた。

いったいどこに連れて行かれるのだろうか。みな同じような気持ちでいるのは明らかだったが、言葉はなかった。緊張しきっていたのである。

車は発車し、五分も走らないうちに停車した。

「ここが日本航空の本社です」と付き添ってきた社員が説明した。

階段をあがって案内されたのは畳敷きの部屋である。

「これが本社なのかしら」と悠子はちょっと拍子抜けした。

部屋のなかには中年の男性が二人いた。

彼らは満面の笑顔で悠子たちを迎えた。

「おめでとう。あなたたちはスチュワーデスの試験に合格しましたよ」

それまでなにも知らされずにここまできた五人は驚いて顔を見合わせた。このとき同行したのが悠子のほかに、伊丹政子、荒木佐登子、佐々木喜久子、土井玲子だった。

あとでわかったことだが、部屋のなかにいたのは、常務取締役の児島義人と森村勇だった。

「まだ身体検査の結果がわかっていないけれど、とにかくみなさんは抜群の成績でした」と言われた。

児島は、試験・招待飛行が八月二十七日に迫っていると伝えてきた。

占領下での日本航空の創設ということで、スチュワーデスについてはリッジウェイ最高司令官夫人の「査察」がある。そのために、その日に間に合うように制服をつくらなければならないから、今からさっそく制服の採寸をはじめる、というのである。五人はまた顔を見合わせずにはいられなかった。

児島はさらに五人にむかって、「きょういた女性たちのなかから、あなたたちが推薦したいと思われる英語ができる方がいたら紹介してください」というのだった。

英語ができるという条件は、このときの日本ではそうとう高いハードルである。

悠子は試験の間に知り合った女性を推薦してみた。しかし、結局、彼女は強度の近眼ということで合格させるわけにはいかない、ということだった。

政子が言うように、当時、英語ができる日本人などそれほどいるはずがない。かといって、五人では採用人数に満たない。初飛行の日が迫っているのに、どうやってスチュワーデスを見つけるか。応募者から選抜することが難しい様子が、児島からは伝わってきた。

どういう手段を使ったのか、最終的に十五人の合格者が八月十五日には選出されたことが報道される。「選ばれた空の花十五輪」などと新聞ははやしたてた。

このとき試験係だった高木養根は、「戦後の暗い世相のなかで、スチュワーデス採用試験は大変明るい話題を提供した。語学の問題もあって一期生は米軍関係の仕事をした人などもかなり入っていました」（『大空の証言Ⅱ再開』）と回想している。

一期生のうち最年少は十九歳の川本多美江だった。学生時代水泳の選手だった川本は健康美にあふれた美少女だった。東京・青山の商家に生まれ、早口の東京弁で色浅黒く、卵形の顔と均整のとれた体格で微笑むとえくぼがかわいらしかった。

スチュワーデスは二十九歳が最年長で、あとはほぼ二十二歳前後だった。企画室部長の伊藤良平の回想によると、採用にあたって社内では、「良家の子女を採用して日航のスチュワーデスとしてつくりあげる」という意見が圧倒的だったという。そのなかで独特な意見をいろいろいったのが森村勇で、「容姿端麗な八頭身美人を採用方針に」と提案したのも彼だった。

「もく星号」を前にした一期生たち

竹田悠子は二十三歳である。現在のようにテレビタレントやファッションモデルといった被写体が豊富な時代とちがって、ようやく戦後の食糧難の時期から抜け出しかけた時代には、この女性の新しい職業であるスチュワーデスは、マスコミの絶好の標的となっていく。

プラモデルに魅せられて

私の手元に昭和二十六（一九五一）年十二月一日付けの日本航空社員名簿の写しがある。

一〇センチ×一三センチほどの粗末なわら半紙の小冊子だが、ここに載っている人々が日本航空の創立年の社員なのだと思うと感慨深い。

会長、社長からはじまり、本社組織の人々、東京営業所、東京支所、大阪支所、福岡支所、札幌支所の社員たちなど、総勢で二百四十名あまり……。このときから全国に日航の社員はいたのである。

調べてみると、大阪では在阪の株主に対して大阪支所開設要員の派遣が要請され、航空代理店から九名がまず集められた。

大阪駅前はまだ空襲のあとも生々しくほとんどが空き地で、第一生命ビルと阪神ビルの間にはなにもなかった。ビルの裏は闇市で、夜には無法地帯となった。

その阪神ビルも三分の一ほどの大きさで、三階に市内営業所が置かれた。宿直もあり、二、三時間の仮眠をとるときには、社員はいつもカウンターの上にアゴを乗せて眠ったという。朝六時半には店を開け、まもなく空港へのバスがくると客と一緒に飛行場へ行き、地上業務をこなした。市内へもどると今度は事務担当となり、人事、庶務、経理の仕事をこなすというハードワークだった。

また、大阪飛行場内には旧大日本航空の木造二階建てがあったが、これは進駐軍に接収されていて使うことができず、のちに国際貨物エリアとなる南側にテント張りの臨時待合室をつくってしのいだ。東京からも大阪の空港要員が送られ、彼らは松尾から「ランプ・クルー」という耳慣れない辞令を受けた。大阪支所は初年度は三十名ではじまった。

福岡支所の社員は十四名が記載されている。市内の営業所探しは予算が月額三万円以下におさえられたため難航した。飛行機好きとして有名で、戦後米軍の御用商人として羽振りのいい「ロイヤル」の社長のところに出向いてなんとか敷金を借り、東中洲の建物が借りられることになった。空港待合室兼事務所は米軍に頼んで、場外にあるカマボコ兵舎を借りた。

札幌支所は市内北四条二丁目の日通札幌支店内にある五坪ほどの一室を借りて開かれた。終戦連絡飛行の残党たち六名が最初のスタッフで、所長は日通出身者だった。千歳飛行場の事務所兼待合室は、やはり米軍エリア内、現在の航空自衛隊側に置かれた。

「ぼくの社員番号は95番だった」と語ったのは、昭和四年生まれの佐野開作である。

彼は晩年になってもボランティアで羽田のアーカイヴズに出向いて、日本航空関連の散逸した資料を集めていた。

佐野は子どものころから、航空と名のついたものはことごとく新聞から切り抜いてとっておく飛行機マニアであり、彼のこれらの資料は、日航のアーカイヴズの一角を占めている。また出身学校である旧制玉川中学校が英語教育に熱心だったことから、英字新聞を読みこなしていた。

佐野は飛行機の絵を描いたり、プラモデルなどない時代だったから、自分でホウの木を削って接着剤で貼り付けて模型をつくったりしていた。家は厚木基地からの零戦の編隊訓練が眼にできるところで、雷電の特徴あるエンジン音には興奮したものだった。将来は航空関係の会社にかかわりたいと思っていたが、敗戦後の日本で民間航空再開が可能になるとはとても思えなかった。

終戦後の八月二十五日以降いっさいの飛行が禁止、緑十字飛行だけがDC3やMC20、白菊などの機材でおこなわれていたのに、それもまもなく止めさせられてしまった。佐野はとどめを刺されたと思ったものだ。朝日新聞の記者は「わが空はわが空ならず秋の空」と作句した。

ところが、昭和二十五年六月に、国内航空の再開が報じられた。このときは日本に乗り入れている外国の航空会社によっておこなわれるというもので、再開はされても日本のものではなく連合国側の航空会社になるものだと思った。このころ佐野は学生で、極東国際軍事裁判、いわゆる東京裁判のおこなわれた市谷の旧陸軍士官学校内で掃除人のアルバイトをしていた。彼が小さく写っている新聞記事がある。

世の中は朝鮮戦争の特需景気に突入する。そのため大学卒業前の学生までかりだされ、明治大学四年のとき、佐野は丸紅の前身である商事会社に勤めはじめた。

「横浜にある米軍の調達機関に毎日、出むいて米軍が必要としている鉄鋼を日本鋼管から買いつけて売る仕事だった。そんなとき、今度は日本資本による航空会社ができるという記事を新聞で見てね。僕は商社よりは航空会社。六月下旬には、民間航空の申請合戦という報道もありました。当時、世界最速といわれたコンベアライナーの写真入りだったのを覚えていますよ。そのうちに日本資本で日本航空ができるということになり、それで僕も焦って日本航空の入社試験を、上司に黙って受けに行った。叱られるかなと思って合格を報告したけど、僕が飛行機好きなのを常日頃から知っていたから、笑って送りだしてくれました」

佐野の所属は、銀座の東京営業所旅客課となった。旅客課というのは、電話などで予約を受けたり、チケットを販売したりする営業部門である。

高射砲連隊から

「社員番号が123という判りやすい番号だったから、この番号をつかっていいですか、とたびたび連絡がはいった」と語ったのは、鷹司信兼である。

鷹司は大正九（一九二〇）年生まれ。わたしが取材したときには九十四歳だったが、姿勢正しく矍鑠《かくしゃく》としていた。

「筆記試験がなくて面接だけだったから入れたんだ」

と控えめに笑う鷹司だが、有楽町での面接の日のことは忘れられない。

その日、受験者が多くてなかなか面接の順番がまわってこなかった。会場となった生命保険協会の隣にある帝劇では「マダム貞奴」を上演中で、楽屋がこちらから見えた。鷹司は着替えをする俳優たちをただただ眺めていた。

夕方になって試験係の高木養根があらわれた。

「本日の面接はこれで打ち切りますので、また明日きてください」

その言葉に鷹司はすぐに反発した。このとき鷹司はすでに三十一歳となっていた。地上職の年齢制限は三十五歳である。

「冗談じゃありませんよ。わたしはワイシャツが一枚しかないのです。なんとしても今日中に面接してください」

東京・麻布の鷹司家は藤原鎌足に遡る公家の名門だったが、明治以降軍人として仕えた。祖父は陸軍少将をつとめ予備役になってから大正天皇の侍従長をつとめた。父はノモンハンで負けたために大佐で退いたが、長男だった信兼が軍人になることは決められており、東京高等師範付属中学校から陸軍幼年学校を経て、陸軍士官学校第五十四期生となった。敗戦時には陸軍大尉だった。

戦後は御徒町《おかちまち》にある貴金属をとりあつかう個人商店につとめた。鷹司のおもな仕事は貴金属をもって夜行列車と青函連絡船をのりついで北海道に出張することだった。夜行列車で数十時間にわたる旅の連続で、鷹司は疲れ果てていた。きちんとした会社につとめたほうがいいと、父の友人藤山愛一郎の推薦で日本航空を受けた。

面接会場にはいると、面接官が鷹司の履歴書をじっと見ている。

鷹司は陸軍では高射砲連隊に所属した。敵の飛行機を墜とすために、飛行機の型や速度、性能については詳しく学んだ。飛行機は鷹司の仕事であった。

満州の連隊にいるときには戦争にはならなかったが、浜松の高射学校教導隊で小隊長として指導にあたっていた戦争末期、学校と陣地に機銃掃射の爆撃を受けたことがある。

高射砲隊は敵機を待っているだけで突っ込んでいくわけじゃないから勇敢ではない、と世間から思われているのが悔しかった。空襲警報のときに国民は防空壕に隠れるわけだが、敵機を墜とすために飛び出していくのが高射砲隊、そういう誇りをもっていた。

高射砲兵は敵機までの距離を瞬時に測る観測眼が必要である。こちらが攻撃して墜ちなかった敵機が目算で一二〇〇メートル先にいれば、あの機種なら約十二秒で飛来する、一〇メートル走れば陣地まで逃れられると見積もり、その瞬間に走りだしたこともあった。背中の後ろにダダダと機銃掃射が打たれ土埃があがった。そういう計算がまだできない兵隊たちは立ち止まってしまうから、小隊長は勇敢だ、といわれた。高射砲でドンパチやって死ぬことは怖くなかったけれど、死んだら敵と戦えない、無駄死にはしないで生きていこう、と考えたことを思い出していた。

面接官のひとりが質問をしてきた。

「飛行機を堕としたことはありますか」

なんという質問だろう。この人は役員だろうか。どういうふうに答えるべきなのか。

「いえ、ぼくは墜としたことはありません」

鷹司はそう答えざるをえなかった。しかし、と鷹司はわたしに明かす。

「でもじつは、原子爆弾以外は全部経験していた。機銃掃射、小型爆弾、焼夷弾。すると、役員のほうはこう返してきたんだ。〈飛行機が堕とせないなら、飛行機会社に、いい〉。それで合格となった。バカな話です」

鷹司は八月末の試験飛行の際には仮採用ということで羽田まで行って手伝い、十月一日に辞令をもらった。

「上司の顔をみて驚きました。なんと面接でその質問をしてきた役員だったのです」

鷹司が配属されたのは、庶務課の文書係だった。

「当時は会社が若いから、つぎつぎに規程ができるのです。各部から稟議書があがってくるので、タイプから打ったのがまずできてくると、それを各部にまわす。今度は各部で直したところをまた直したりするので、最終的に書類として仕上げるまでに五回。だから覚えてしまう」

鷹司が作成したそれらの資料は、今回この本を書く際にも参考にさせてもらった。

その後、鷹司は翌昭和二十七年四月八日から、突然にこの日を境として、まだ広報室というものがない時代に、広報のような仕事をしていくことになる。鷹司の仕事は日本航空にとって画期的なものとなった。これは後述しよう。

スチュワーデスの制服

「この写真を見るとわかるでしょう。制服はなんとか間にあったけど、靴が間にあわなかったの。ともかく黒い靴をはいてきてといわれて」

悠子は懐かしそうに写真をしめす。スチュワーデス一期生が勢ぞろいしている貴重な写真である。

一期生たちが身につけているのは、アメリカ極東空軍の厚意で同軍の制服生地を日本航空むけに仕立てた制服だった。仕立ては戦前の大日本航空時代から航空関係の制服を手がけていた羊屋製で、デザインしたのは、日本航空の社長夫人である柳田美代子である。柳田美代子は美術学校を卒業していて、衣服や和服のデザインを研究していた。のちに機内では和服に着替えるようになるが、その着物は上下二部式となっていて、狭いラヴァトリー（化粧室）でもすばやく着替えられるようにと考えだされたものだった。その和服のデザインもこの美代子である。

この初代スチュワーデスの制服はシルバーグレーのツーピースで、薄手のウールでできていた。背広襟で三つボタン、左胸には JAPAN AIRLINES と刺繍された胸章の下に外付けのポケットがあった。

スカートは流行のタイトで、丈は膝下一五センチだった。帽子は服と共生地の天井のないターバン帽である。

ジャケットの下には木綿生地の白の半袖開襟のブラウスを着るようにいわれた。ところが、これはしわになりやすく一回ごとにアイロン掛けが必要なくらいだった。働く女性にとって便利なのは、当時アメリカの婦人たちが愛用するナイロン生地のブラウスだったが、これは残念ながら高価だったために制服に採用されなかった。

スチュワーデスの制服にはバッグも必需品で、まもなく資生堂製のものが提供されたが、これは無償ではなく、代金が給料から何回かにわけて天引きされた。それどころか、ストッキングや靴は自前だった。ストッキングをはじめ制服のあらゆるものが支給され、クリーニング代も出るのちの日本航空の待遇と比べたら格段の違いである。

そのモノクロの写真を見ると、たしかに靴のデザインだけはばらばらである。面接をして十日ほどのうちに、同じ靴でサイズをいろいろととりそろえることが難しかったのだろう。

　悠子の足元はパンプスではない。甲を隠した低い靴である。太いベルトつきの靴をはいている一期生もいる。

「みな靴は自分のものをはいていて、ヒールの高さが違うのね。だからスカートの裾の位置がばらばらでしょう。私は低い靴をはいていたから、スカートが長く見えるの。こうして制服を着てならんでいるのに、そろっていなくておかしいの」

　じっくりスカートの丈を見比べてみると確かにそうである。わたしの視線は一期生の容姿のほうに釘付けにされていたので、そこまで気づいていなかった。

「この制服を着て試験飛行のときに飛行機に乗り込んでみると、ステップの昇り降りの際にこのスカート丈は長すぎて、どうにも自由がきかないということがわかりました。それでこの意見が取り入れられて、同じ年の冬服の制服には少し短めのミディ丈のスカートが採用されることに。だからこの制服はたった一度だけ使用されて、その後はお客さまの眼には触れることがない幻の制服となったわけね」

　創業からしばらくの間は夏服と冬服があった。現在のような冷暖房がない時代であり、また飛行機にもエア・コンディションはなかったのである。

　このときの制服は門田稔デザインによる薄いブルーグレーのスーツである。ジャケットは襟のある三つボタンで、帽子は服と共生地で、上部のないターバン帽だった。

そのあとに作られた冬服は、エアフォース・ブルー色のウールのギャバジン地のスーツとなった。ギャバジンはうねの高い綾織にした織物で、防水してよくレインコートなどに使われるしっかりとした生地である。

翌年の夏服は、ポーラー地（強く撚りのかかった梳毛糸で平織にした通気性のある織物）の淡空色のスーツで、涼しげな襟なし三つボタンのジャケットとなった。丈はやはり膝がちょっと隠れるくらいのミディ丈が採用された。

日本航空の制服は、その後もさまざまなイヴェントに合わせて変わっていく。

後年、国際線が開設されたときには、伊東茂平のデザインが採用された。生地は鹿皮に似せた光沢のある厚地の毛織物のドスキン地である。ドスキン地は繻子《しゅす》ラシャともいわれ、おもに礼服地として使われている。

色は紺色で襟なしの三つボタン、ウェストがしまっていてタイトスカートのすっきりしたデザインである。ブラウスは綿一〇〇パーセントの白の半袖で、胸ポケットにJALの赤いミシン刺繍があった。スーツと共生地の帽子は、進駐軍と同型で、額から頭にかけて乗せる形である。脱いだときにたためるのが便利だった。靴は紺色のハイヒールと、機内用のローヒールの二種類が支給された。また、バッグは紺のショルダーバッグで国際線用は支給されたものの、国内線用は自前だった。

その後、DC8導入にあわせて金ボタンがアクセントのものになり、世界一周線開設時やジャンボ機導入には森英恵がデザインしたスカイブルー、丸首のブラウス、胸にブローチ。ジャンボ機が就航するときには紺に赤いベルトのミニスカートのワンピースで、とくにこの制服は話題を呼んだ。

ちなみにわたしが着た制服は、次に森英恵がデザインしたミリタリールック調の半袖のワンピースで、その下に赤または青の縞の長袖ボディシャツのレイヤードというものだった。ただし、このボディシャツはあまり着る必要がなかった。この時代になると機内は二十四度に常時保たれ、作業で動き回ることもあり半袖で十分だったためである。この制服は十年以上つづいた。

その後はまたジャケットとスカートの組み合わせの制服へと回帰した。

さて、スチュワーデス一期生の入社は八月二十日、銀座の本社兼東京営業所でおこなわれた。その日のうちに訓練がはじまり、東京慈恵会医科大学東京病院で航空医学、衛生救急法、看護法の概念的な講義や実習がおこなわれた。落ち着きと機転が第一ということである。

翌日からは銀座の本社で旅客、郵便貨物の約款、業務規定などの座学もはじまった。すでに日本の空を飛んでいるフィリピン航空のチーフ・スチュワーデスが来社して、航空やサービスの現場がどのようなものかが伝授された。

二十四日からは、ホテルテート（現・パレスホテル）でサービスの訓練と実習が二日にわたっておこなわれた。報道陣はここにもおしかけて、通常はホテルのウェイトレスが身につける、白いフリルのついたエプロン姿のスチュワーデスにむかってシャッターを押しつづけるのだった。

アナウンスについてはＮＨＫへと、スチュワーデスの教育はすべてその道の専門家から直接手ほどきを受ける。

すでに国際線を飛んでいる各航空会社は、客室乗務員の教育には非常な力を注ぎ、各社それぞれが養成機関をもって最高のサービス水準を自負する時代に突入していた。後発となった日本航空は外国を模倣していたずらに外国流に流れるのでなく、独自の色合いをもったサービスをしていくべきだという方針が、経営陣からも社員の間からも自然発生的にめばえていた。

竹田悠子は旅客課長から「３Ｓ」が強調されたことをはっきりと記憶していた。

「一番に Safety、二番に Schedule、そして三番目が Service であるというのです。これらがわたしの心に刻まれたスチュワーデスとしての判断の基本です。これは乗務しながら大きく役立ちましたし、その後の人生で別の仕事をしていくうえでも重要な判断の基準になったのです」

二十日の入社日から連日出社し、八月二十六日は日曜日だったから休日のはずだったが、スチュワーデスたちは出社するように告げられた。

人通りのない日曜の朝の銀座にある東京営業所に出向くと、制服ができあがってきていて、みなで試着してみた。

そのあとで伊丹政子は声をかけられ、人事課を訪ねるように伝えられた。いったいなんなのだろう。政子は不安にかられながら、人事課長の山崎山《たかし》の前にすすんだ。試験飛行一日目は東京上空のみ。二日目は報道陣をのせて大阪往復とのことで、この両日にサービスはないとのことである。

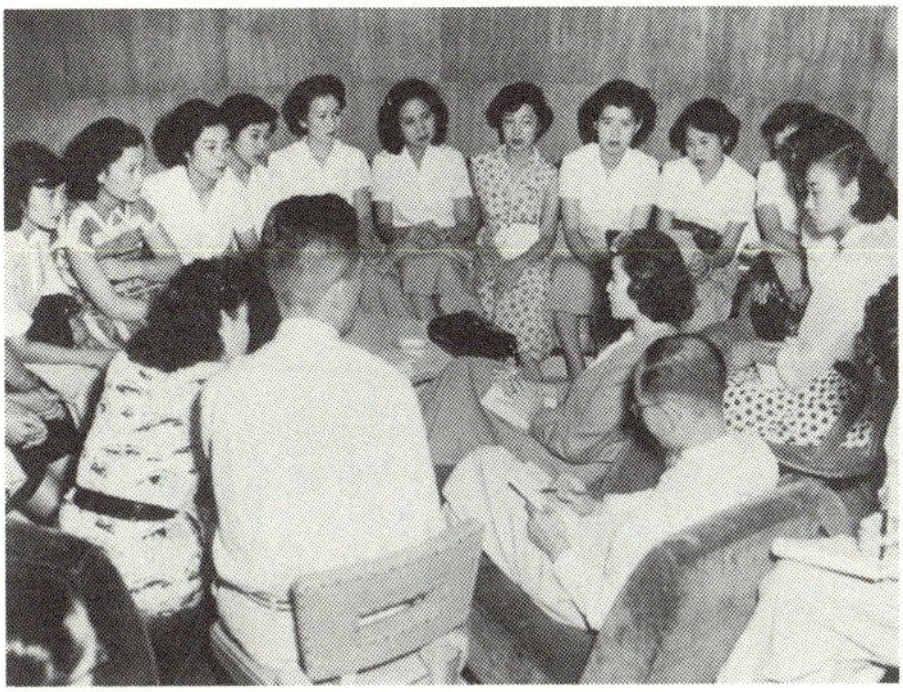
東京営業所における一期生たちの訓練

「伊丹君、試験飛行の三日目のことなんだが、この日は運輸政務次官や、郵政次官、ＧＨＱからは経済科学局の大佐、うちの柳田社長も福岡まで搭乗することになった。それに報道関係者もふくめて合わせて二十七名のお客さんだ。衆議院議員だった楢橋先生の奥様が紅一点としてお乗りになる。君が、三日目に第一番目のスチュワーデスとしておもてなししてほしい。いいね？」

伊丹政子は驚いた。どうして私が選ばれてしまったのかしら？　選ばれるのはうれしいけれど、でもそれもまだ乗ったことのない飛行機の機内で、すべてのサービスをたったひとりでこなすことができるだろうか。フィリピン航空の教官が同乗するとはいえ、政子の胸に喜びと不安が一挙につきあげてきた。

「金星号」の試験飛行

八月二十七日となった。日航機の試験と披露をかねた飛行が初めて実施される日である。

長い空白の後で、民間航空再開の喜びと希望を託されて試験飛行をむかえたのだ。使用機材はフィリピン航空からチャーターしたエンジン双発のプロペラ機、ダグラスDC3型。

機体は塗りかえられて、胴体には「日本航空」、扉上には「JAL」の文字があり、翼の裏と表に、「日の丸」の赤がはいった。ただし、尾翼にあったフィリピン国旗はそのままだった。

「金星号」はターミナルから五〇メートルほどの滑走路に悠々たる姿で待機していた。

この日の招待客は、銀座の東京営業所から社員の先導でバスにのり、空港までのりつけた。

DC3「金星号」を前に勢揃いするスチュワーデスたち，尾翼にフィリピン国旗

ハネダ・エアベースの入口ではGIの検問がある。飛行場のなかに日本航空の事務所はなく、この日のために、吹きさらしの仮設のテントがあるだけである。

その前には会長の藤山愛一郎や柳田社長、役員などが勢ぞろいし、運輸省、航空庁、郵政省などの関係官庁、報道関係者、漫画家の長谷川町子や売れっ子随筆家の石黒敬七ら招待客七十名を出迎えた。彼らは三回に分けられて、東京近郊の上空を一周する予定である。

午前十一時になると、マッカーサー元帥のあとに連合国軍最高司令官として着任したリッジウェイ大将夫人が羽田飛行場に車を乗りつけて姿を現した。

「大将夫人の臨場をかたじけのうし、スチュワーデス十五名を査閲し激励された」と、あとで社報に記録されるが、「かたじけのうし」とは今日では死語で、当時でも皇族などにしか使われない言葉だった。占領下での最高司令官の地位を見せつけられる言葉である。

美貌の夫人である。帽子をかぶり、スカートは流行の先端のタイトスカートである。スチュワーデスたちは大将夫人と同じ膝下丈のタイトスカートだった。

リッジウェイ夫人は、機体の前に整列した政子たちの前に歩み進んできた。十五名は「金星号」をバックに、ほぼ五〇センチの間隔をあけて整列していた。

藤山愛一郎の先導でリッジウェイ夫人は一人ひとりに手を差し出し、握手をかわした。

「英語もうまいし、たいへん美しい。しっかりやってください」

政子も頬が紅潮したのがわかった。報道陣カメラマンたちが、夢中になってこの様子を撮影していた。

この日スチュワーデスたちは二回目の飛行に搭乗することになっていた。まだ試用期間中で、実際に搭乗してみて機内での身体適正を判断されるということだった。

管制官はアメリカ人で、機長もアメリカ人である。空港という空港はまだすべて米軍の占領下である。

午前十一時十五分。DC3の轟音が響きわたりはじめた。

いよいよ最初の試験飛行がはじまる。

東京営業所の佐野開作はその日、銀座から出発した招待客用のバスに添乗している。

「尾翼にはフィリピンの国旗が描かれたままでちょっと不思議な形になってしまったけど、もう感動的でね。涙が出るくらい。飛行機がタクシングをはじめたら、そこにいた社員一同、みなでDC3にむかって手を振っていましたね。占領下で禁止されていた国内航空がとうとうはじまったというのでね」

この日を待ってみな汗を流して働いてきたのだ。

空のなかで小さくなった「金星号」がもどってきた。政子たちが搭乗する番である。試験官である慈恵医大の医学博士も同乗した。

轟音が響き渡りはじめる。初めて乗る飛行機は列車のようには揺れもせず、ゆっくりと滑走路を滑り出した。エンジンの回転数を徐々に上げていく。窓から見える景色が過ぎ去っていく。スピードを徐々に上げている。地面から飛行機の脚が離れる瞬間もはっきりとわかった。そのあとはゆっくりと東京湾上空を旋回した。

途中、積乱雲のなかにはいったため少し揺れたが、あっという間に着陸してしまったような感じだった。時計を見ると四十分がたっていた。

同期生たちはだれひとりとして酔いもせず、めまいを覚える者もいなかった。全員が試験飛行に合格したことを告げられた。

飛行が終わると航空庁事務所で簡単なレセプションの宴があって、しばらく歓談した後、散会となった。明日もまだ試験飛行があるからだった。こうして第一日目は終わった。

翌日の朝刊は招待飛行についての記事が各紙で踊っていた。スチュワーデス十五名が勢ぞろいした写真もかならず掲載されていた。

この日、二日目には大阪への往復飛行が実施された。この日の招待客は報道関係者のみである。

さて、政子が乗務する三日目の二十九日、DC3「金星号」は大阪経由福岡行きという長丁場だった。

羽田離陸は八時五分。館山上空より大島に入り、同島上空において右旋回して、富士山が機の横に見えはじめたのは九時だった。

政子は、ちょうどころあいもいいと思ってサービスを開始した。熱いコーヒーをポットからそそぎ、ケーキを入れた紙の容器を配りはじめる。乗客たちはこれは無料なのか、などと聞く。

「はい。実際の業務飛行のときと同じで別に料金をいただくわけでなく、運賃のなかにふくまれております」

伊丹政子は応えた。

乗客たちは珍しいコーヒーやケーキをさっさと食べ終えてしまった。政子はこんどは新聞や週刊誌などを配りはじめる。すわる暇もなくてんてこ舞いである。

「すみません、耳が痛むんです」

ひとりの客が訴えてくる。

高度八五〇〇フィートの飛行では気圧が低く、耳が痛くなることがある。

そんなときには生唾をのんでください、大きなアクビをしてください、とお勧めすることも習ったばかりである。

「ああ、直った！　直った！」

あまりにも簡単である。

また別の客は、万年筆を取り出してなにかを書きつけようとしたらしい。ところが、インキが吹き出したと騒いでいる。

「気圧が低うございますから、お気をつけあそばせ」

与圧装置はついていないのである。密封されたものはことごとく内部で気圧があがる。噴き出すおそれがある。

航空性中耳炎対策としては耳綿、チューインガムのサービスをした。

また、社名のはいった特製の航空便箋セットをそれぞれの乗客に配った。

気配りを最大限に発揮してサービスに励んだ伊丹だったが、乗客から「あそこに見えるのはなに？」という質問にはまったく答えることができなかった。

「わたくしもまだ一度も九州には行ったことがございませんの。飛行機に乗ったのも二日前にわずか三十分で、きょうが二度目なんです」

伊丹政子は正直に窓の外をのぞきこみながら、愛嬌だけで応じるしかなかった。

大阪伊丹空港には十時二十四分に着いた。そこで、また準備をととのえて十二時四十六分に福岡の板付空港に向けて飛び立った。

大阪湾上空から淡路島を左に見て瀬戸内海にはいるころ、朝鮮海峡付近の低気圧の影響で雲が多くなり、せっかくの瀬戸の大景観はおぼろにかすんでしまい、雲間から時折島々だけが見えた。

政子は乗客に毛布をかけたり、窓についているシェードを閉めたり、さらに昼食の時間となったため、大阪で搭載したサンドイッチのサービスをした。さらにチョコレート、タバコや水をお出ししたが、福岡着陸三十分前くらいから天候がきわめて悪化してきた。

関門海峡を越えるところで寒冷前線にぶつかって雨中飛行となり、まったくの視界不良となった。試乗者は残念がっていたが、飛行機は上下左右に激しく揺れはじめたため、それどころではなくなった。

政子自身、気分が悪くなってきた。とても機内を見てまわれる状態ではなくなって、機内の隅にうずくまってしまった。

替わりにサービス指導で乗務しているフィリピン航空の教官がサービスを担当した。英語で「ベルトをしめてください」と案内すると、その英語をどういうふうに勘違いしたのか、自分のズボンのベルトをはずしてしまった御仁もあった。

戦後初めての日の丸機を迎えるこの日の板付飛行場は、支所社員の奮闘により雨にもかかわらず、福岡市長以下各界の名士たち二十名が盛大な歓迎の陣をしいて待っていた。定刻から一時間半近く遅れて、灰色の雨雲のなかから銀色の機影があらわれると、気づかっていた歓迎陣からどっと歓声が沸きあがったらしい。

ゆっくりと一回、二回、旋回しながらバウンドも軽く、「金星号」は着陸した。両翼に鮮やかに描かれた日の丸に眼をうるませているのだろうか、手をふる人々の姿が眼についた。

伊丹はにこやかに笑顔を見せながら、社長の柳田を先頭に同乗者たちをタラップにみちびいた。

降りたった人々を出迎えたのは、福岡市長、地元選出の参議院議員や、日本航空福岡支所や航空保安庁の関係者だった。支所長の長女から祝賀の花束が柳田社長に贈られた。

同機は午後七時十分ふたたび東京へ向けて出発、今度は東京までの直行便で夜間飛行だった。

福岡で新聞記者からのインタビューに応じたとき、伊丹は「二十七日に三十分ばかり東京の空を飛んだのが初めての空の体験でした。その私がサービスするのですから心配でした。万事フィリピン航空から来られたスチュワーデスの先生、名前は存じませんの、その先生からいわれるままに。気流の悪いところなどでベルトをしめるようご注意したりしましたが、大阪から福岡までは天気が悪いのでお客さまより私のほうが気持ちが悪いようなこともありましたわ」と、いたずらっ子のように首をちぢめて笑ってつけくわえた。

「胸がむかむかして朝からなにも食べていませんの」

伊丹政子はインタビューにこのように答え、ファースト・フライトを終えた。

日本航空の試験飛行は「美しい空のサービス」「至れりつくせり」「快翔」とにぎわわせ成功したかにみえたが、じつは伊丹政子が乗務した福岡便のあと、九月一日には札幌便が計画されていた。

ところが、この便は突如として中止となったのである。

飛行機を持てない航空会社

松尾静磨は、国情の相異というものがこれほどまでに難しいとは思いもよらなかった。

そもそも飛行機を所有しない日本航空は、白洲次郎が発案して外国航空会社が出資してつくったＪＤＡＣから飛行機の提供がなければ運航が成立しなかった。

ＪＤＡＣはパン・アメリカン航空、ノースウェスト航空、フィリピン航空、カナディアン・パシフィック航空、中華航空らが共同出資した二十万ドルを資本金とする会社だった。ところが、その後、白洲案の外資による航空会社の設立は、経済的に利害の一致しない各国が共同して新しい会社をつくるという枠組みのため、内輪もめの様相を呈しはじめ、足並みがそろわず流れてしまった。その結果、日本側はいずれかの航空会社と整備・運航について、それぞれ契約を結ぶことになった。松尾はフィリピン航空から三機、中華航空からも三機を借りうけて国内定期便を開始しようと考えていた。

ところが、仮契約をむすぶに際しても、それぞれの社の話をまとめて各国政府のＯＫを得ないと契約できないといわれ、それには三週間を要すると伝えられた。

それにしても、三週間とはずいぶんかかるものではないか。急いでくれるように交渉の場で談判したにもかかわらず、仲介役のＪＤＡＣの反応はまったく鈍いものだった。ＪＤＡＣという会社は寄り合い会社であるうえに、事務所にはマネージャーが一人いるだけで、人間も飛行機ももちろん工場も持っていない。

日航は、飛行機はＡ社から、パイロットはＢ社から、さらに整備はＣ社からというふうに借りなければならず、煩雑だからなかなか話が進まないのである。

パイロットはノースウェストから派遣してもらうことにする。

整備はパン・アメリカンの提供を受けなければならない。

そんな状態だというのに、ＪＤＡＣ側の悠長なテンポはかわりない。これでは九月上旬運航開始などのぞめない。

目標はあくまで九月上旬である。その前にはまず試験飛行をするように、とＧＨＱから命令されており、賃貸料も決めずに一機だけを借りて試験飛行を決行してしまったのである。

ところが、試験飛行開始後、突然しめされた賃貸料は高すぎた。そのために最後の札幌行きを急遽取りやめなければならないことになった。営業だけの航空会社である日本航空にとっては、命取りになりかねない窮境に早くも遭遇した。

賃貸料は、日本政府の運輸審議会でじつは決められているものである。

それに沿って松尾は一マイル七〇セントを主張したが、フィリピン航空側は羽田飛行場に整備施設をもっていないから、もし単独契約をするなら羽田に整備施設をつくらなければならず、そうなると自然と賃貸料も高くなり、七〇セントでは不可能だと伝えてきた。一マイルあたり一ドル二〇セント。

しかし、それをのむわけにはいかない。

七〇セントから変更になるということであれば、運輸審議会にかけねばならず、場合によっては公聴会の必要も生じる。この場合は十日前の告示が必要ともなる。

賃貸料の折り合いがつけば、フィリピン航空、中華航空は九月十日ごろに飛行機をもってくるといっているが、公聴会をやるとなると、到底この日にはもってこられない。松尾以下役員は出向いてフィリピン航空との折衝をつづけた。

その結果、やっと一ドル一五セントまでまけさせることができた。しかし、これで妥協しなければ、フィリピン航空はあとの二機は出さないといってきた。

一方で、中華航空は最初から一機しか提供できないというので、六機を予定していたところが四機となり、当然ダイヤの変更を余儀なくされる。

一日六往復の予定は、四往復に減らすよりほかなく、収入減が早くも予想された。賃貸料が倍になれば、運賃も倍にしなければならず、乗客数に影響するのは明らかだった。

また、その間郵政省とも、ダイヤの変更や郵便料金の割戻しについて再交渉しなければならない。

すでに借りたＤＣ３一機を遊ばせておかなくてはならないことになってしまい、まだ定期便も開始していないのに、資本金を無駄につかっているわけで、早くも百数十名の社員をかかえて松尾は担当役員らとともに、問題の解決のために日夜狂奔せざるを得なかった。世間では「日航は資本金の半分をつかってしまった」という噂が飛びかいだした。

このような時期にトランスワールド航空が、アメリカ政府に対してニューヨーク＝ボンベイ（現・ムンバイ）間を東京まで延長する申請を出した。

これはアメリカの世界一周航路に新線を開くもので、ニューヨーク発で大西洋を横断して欧州およびアジアを結ぶ。この路線は、東京からは太平洋を横断するノースウェストやパン・アメリカン航空と結ばれる。

世界の航空界はすでに日本の現状からかけ離れた発展をしているわけで、松尾はなんとか日本の遅れをとりもどそうと必死だった。

その間、本社兼営業所のある建物は八月の暑い盛りの突貫工事をへて、改装工事が終了していた。ガラス張りのスマートな営業所は人目をひくほどとなったが、いまだに航空機借り入れの手続きが済まないために、開店休業の状態がつづいていた。

たった一機で試験飛行に使われていた「金星号」もいまは日本航空の手を離れ、フィリピン航空に返されて、羽田飛行場に駐機していた。

東京営業所に所属となった竹田悠子や伊丹政子は、航空機の常識などの講習会の合間に業務見習いをはじめていた。

営業部は業務、郵便貨物、旅客と三課あり、スチュワーデスたちは各課に配属された。運送約款や社規社則作成の手伝いをはじめ、地上職の人々とともに手荷物札に針金を通す作業まで、さまざまな仕事を経験した。これは時代が下って、スチュワーデスに地上勤務がまず課された昭和末期と同様に思える。ＪＡＬは組合が多くあるために、社内対立の時代がつづいたが、こういう会社一体の時代があったのだ。

社内電報に使う暗号略字をつくる手伝いをしたものもいる。

福岡、札幌、大阪支所への連絡には、電話か電報がつかわれる。たとえば「札幌東京一席くれ」という決まりきった文言のとき、このまま電文にするのでは経費がかかりすぎるため、「シシ一シカメヒ」と書く。「シシ」というのが「札幌東京」という意味とし、「一」は一席、「シカ」は「座席乞う」で、「メヒ」は「東京営業所」の発信をしめすという具合だった。

シシやシカなどとまるで動物園の取引のようだったが、シシ、シカなどとさかんにやりとりしたものだった。

一方、難航していた賃貸料の交渉は、試験飛行から一か月を経過してやっと締結への糸口をつかみかけようとしていた。

航空事業令が足かせとなって身動きがとれなかったのだが、その条令改正が成り、JDACを通さずに外国航空会社一社との単独契約が可能となったのだ。これまでの交渉先であるフィリピン航空や中華航空だけでなく、大企業であるノースウェスト航空とも幹部は交渉にはいった。ノースウェスト社は米軍関係の仕事をしていて、また日本との関係も深かった。東京支配人の米国人も闊達な人物で、松尾らとも話が通じやすかった。

単価は一マイルあたり一ドルをめざしていた。

ノースウェスト側の提案では、DC3だったら一マイル当たりの賃貸料は一ドルより安くなるという。DC4でも二ドル未満の金額におさえられるという。これなら東京＝大阪間の運賃にそれらが反映されても五千円余りにおさえることができ、なんとか集客にも期待がもてそうだった。

アメリカではダグラスDC4はすでに生産を中止して、つぎのダグラスDC6の時代に入っていたが、世界の主要航路を飛んでいるのはDC4である。戦前の日本の民間航空でも使用していたなじみの深い機体でもあった。

アゴを突き出したような機首に特徴があり、プラット・アンド・ホイットニー社のエンジン搭載、全幅三五・八メートル、全長二八・六メートル、巡航速度時速三八二キロ（二三〇マイル）で、ノースウェスト航空ではこれを太平洋横断定期航路に使用していた。

またマーチン202は最新式中距離旅客機で、巡航速度は四五〇キロ（二五〇マイル）である。ただマーチン202は米国内でトラブルが頻発している要注意機であり、社内だけでなく運輸省でも一部に異論が起こった。多くの会社がつかっていてぜったいに間違いがない飛行機を選ぶ、という慎重な姿勢で検討がはじめられた。

チャーター料は運航要員や整備要員の人件費や保険料をふくめ、マーチンが一マイルあたり一ドル三五セント（当時の換算で四百八十六円）、DC4が一ドル七五セント（六百三十円）という条件である。世界の航空界ではすでに与圧式のコンベア240が登場していて、マーチン202はやや旧型の部類に属していたが、いたしかたなかった。

十月十一日、ノースウェスト航空との間に、マーチン202二機、ダグラスDC4四機の一年間のチャーター契約が成った。

マーチン202型で東京＝大阪間を毎日一往復、東京＝大阪＝福岡間一往復、東京＝札幌間一往復、ダグラスDC4型機で東京＝大阪二往復のダイヤが決定された。

ふたたび日航に関する報道が過熱してくる。運賃は通行税二〇パーセント加算を含んでも東京＝大阪間で六千円、汽車の一等料金プラス急行寝台料金、プラス食事代とほぼ同額。同伴の妻は三割引とする。

第一便は十月二十五日東京発と決定された。その一週間前に、全国六十八か所で予約の受付がはじまった。

佐野開作もっぱら電話で営業を開始した。

新婚旅行で初めて飛行機に乗ろうというカップルや、機上でお念仏をとなえて戦死者の霊を慰めたいからと、一機まるごと貸切りを申し込む宗教団体、福島の山間部からも西国巡礼にゆく一行の予約などが入った。

マーチンが四十四人乗り、十一月から加わるDC4が六十六人乗り。それらが大阪まで毎日各二往復するとなると、四百四十ほどの座席を埋めなくてはならない。

ところが現在、国鉄のほうの大阪行き特急一等客は平日が三十二名の定員であり、二

羽田支所の待合室

等客の大半もあわせて吸収しなければ、飛行機には多くの空席ができてしまう。

佐野のいる旅客課では、同伴婦人三割引のアベック切符、割引回数券、ふつうは十二歳までの小人扱いを十八歳までにするとか、大会社の旅費規程までなんとか改訂させて「幹部の出張旅行は空から」などと、客引きにおおわらわとなってきた。

相手の顔も見えない電話だから、ともかく喋りまくってなんとか顧客を獲得しなければならなかった。営業マンとして一人前になるため、佐野は必死で喋ったものだ。注目をあびる第一便は満席となった。しかし、定期便となるわけだから、営業努力はひきつづき重ねなければならなかった。

羽田飛行場は占領下のため、乗客たちは銀座の東京営業所でチェックイン手続きをおこなうことになる。ここから羽田に向かう大型バスの手配や、航空傷害保険の手続きも準備しなければならなかった。

バスの運行をおこなうのは京浜急行である。京急では三十五人乗りの大型ディーゼルバスを二台発注、ＪＡＬのマークをつけて華やかな塗装をしたバスができあがってきた。

竹田や伊丹らスチュワーデスたちは、午前中は看護法、航空常識、気象学、旅客サービスの方法など、機上の勤務に必要な学課も学びはじめた。

午後は羽田飛行場で外国旅客機の機体見学やら、アメリカ人スチュワーデスとの交歓など、定期便開始にむけて飛行機に関するあらゆる知識を身につけるべく訓練がつづけられていた。

国内線第一便

辞令
竹田悠子　東京営業所勤務を命ずる。
弐職階Ａ拾参級俸を給す。

十月一日に悠子がもらった辞令の文面である。これによって悠子は日本航空に正式採用となった。

基本給は三千円で、一時間あたりの飛行手当ては百円ということである。当初は八千円ほどの給料となるらしい。

二、三か月先、一人前になればスチュワーデスとしての特殊手当ても加わるらしく、月二万円ぐらいの給料がもらえるようになるとのことだったが。

さて、国内線一便の三日前の十月二十二日、マーチン202型は途中太平洋に浮かぶウェーキ島で給油し、アメリカから羽田に到着した。これには日航で働くことになる四人の米国人機長が乗りこんでいた。

この飛行機は「もく星号」と名付けられ、到着と同時に整備工場に移された。四十四の座席の取り付け作業がさっそくおこなわれた。

両翼に日の丸、胴体には赤線が入れられ、「日本航空」の文字や「もく星号」の名を入れる塗り替え作業が徹夜でおこなわれた。前夜には尾翼にも日の丸が描き加えられ、ほかの機材にもそれぞれ「すい星」「てんのう星」「きん星」「か星」「ど星」など星にちなんだ名前がつけられた。ノースウェストからチャーターした機材には、その前と区別する必要があったため、平仮名愛称が使われている。

十月二十五日早暁、羽田飛行場に関係者が集まった。まだ日航の事務所もできあがらず、仮設の事務所で航空庁長官や柳田社長らが挨拶し乾杯がなされた。乗客として大阪へ発つ「間組《はざまぐみ》」の社長を見送りにきた令嬢が引っ張り出され、花束を米国人機長に贈った。スチュワーデスは伊丹政子と石井暢子で、二人の案内で待合室にいた乗客たちが駐機している「もく星号」をめざして三々五々歩きはじめた。

「お尻から入るのか」

マーチンの昇降口は機体後部に格納されていて、乗降にはタラップが不要な特徴的な機体である。乗客たちは珍しそうに上をながめながら乗り込んでいった。

大阪行きの乗客は二十一人、福岡行きが十五人で、合わせて三十六人と一匹である。一匹は大阪にもらわれていくフォックステリアの幼犬だった。そのなかに女性は六人である。

仮設事務所での第一便就航の祝賀会。右より松尾，一人おいて柳田，児島

なんとなく福岡まで往復するという無職の八十三歳の女性や、随筆家も雑誌に「初乗り記」を書くために搭乗した。

ある参議院議員は公用で、また婦人団体「ポスト・クラブ」の幹部は、市民の声をきくための大きな赤ポストを持ち込んできた。一番機の宣伝効果を当て込んでいるのである。

築地のフグ料理屋の女将は、福岡までフグを買いに行くという。これからは毎日、定期便で下関フグを四貫目（約一五キロ）ずつ取り寄せるのだという。

貨物としては航空郵便が主で、この日、唯一の「貴重品扱い」は、東京から大阪に贈られるフォックステリアの幼犬だった。

滑走路の脇で、社員たちが手を振りはじめた。このなかに、のちほど紹介するランプ・クルーの吉田仟《しげる》や翌日に入社が決まっていた整備の平沢秀雄らがいた。

東京営業所からバスに乗り込んできた佐野開作も飛行機に向かって手を上げた。

肉親の初搭乗を見送る家族や航空関係者たちに見守られ、「もく星号」はゆるゆると動き出した。午前七時四十三分だった。

巡航速度四五〇キロ、東京＝大阪間を九十分で結ぶ。

松尾静磨は、機影が西の空に消えるまで見送っていた。一年近くつづいた産みの苦しみの末、やっと国内民間航空が発足したのだった。

営業権だけが与えられた変則的な経営ながら、やっと日本航空の門出の日をむかえることができた。今後日本航空はひとり立ちしなければならない。そのためにいろいろな手を打たなくてはならない、と松尾は身を引きしめた。

「もく星号」は靄に包まれた東京湾を渡り、大島上空からビーコンの指示にしたがい西へ航路を変更し、相模湾を横切った。雲の切れ目が見えはじめ、高度六〇〇〇フィートを飛行した。富士山、南アルプスの山々はコバルト色に光り、白い雲海のうえに浮かんでいた。飛行機は揺れず、爆音をのぞいてはバスより静かだとの声があがった。

静岡付近からは雲もほとんどなく、銀翼を輝かせながら秋色深まる東海道上を西へ飛ぶ。

このあたりから、機内では初の機内食のサービスがはじまった。

この日、サービスをおこなったのはスチュワーデス二人である。ほかにパーサー（乗務事務長）の肩書きで、パイロットの小田泰治が同乗した。小田はまだ三十代だったが、パイロットとしては飛行時間二千時間というベテランである。

いつか自分たちの手で運航することができるようになる日にそなえて、松尾はパイロットの資格をもった人々をパーサーとして飛行機に乗せることを思いついたのである。どういう形であれ、乗務さえしていれば、操縦室の新しい機器に接することもできると考えたのだ。

さて、機内サービスの食事メニューは、卵とハムのサンドイッチと紅茶だった。まだ食糧難にあえぐ当時としては、きわめてモダンな食べ物である。これは、ホテルテートから自転車で運ばれたものを、スチュワーデスが銀座の東京営業所から運んできた。飛行場までのバスの中はもちろん、飛行機の中にまでみずから手にさげて持ち込んだのである。この草創期のスチュワーデスの手運び作業は、数か月の間つづく。

マーチンは琵琶湖周辺までくると、大きく左に旋回した。経由地である大阪の伊丹空港も近い。搭乗記念として、飛行機のついたネクタイピンが乗客たちに手渡された。

東京＝大阪間は、超特急列車では八時間かかるが、飛行機であれば九十分ほどだった。午前九時、伊丹上空を数回旋回してから、「もく星号」は九時十六分、無事着陸した。ここで乗客二十一人と一匹を降ろして給油をし、かわって五人が乗り込み、機は九時四十一分に離陸、一路西へ向かった。

福岡の板付空港には十一時十九分に着陸。ブロックイン十一時三十五分。

こうして戦後民間航空の原点となる国内線定期第一便の運航は滞りなく終わった。

航空士官学校から、ランプ・クルーとして

翌日には東京＝札幌便が飛んだ。

札幌出張所には航空庁退職者三人が採用され、飛行機の清掃からロビー掃除、カウンター受付まで、地上職のするあらゆる業務をこなした。札幌からの一番機を見るために飛行機愛好家や、米軍高官など大勢の人が押しかけていた。特に札幌便の人気は高く、地元にとってはあたかも祭となった。地元勤務の航空庁の職員までが、満席だから手伝おうと、機内食を運んでくれた。良き時代である。

十月には東京＝大阪、東京＝大阪＝福岡、東京＝札幌など、各路線を一日一往復する

ことになった。十一月一日以降は東京＝大阪便は三往復のダイヤと決定された。以下が日本航空創業直後の記念すべきタイムテーブルである。

（下り）
①マーチン　東京発八：〇〇＝大阪着九：三〇、同発九：五〇＝福岡着一一：二五
②ＤＣ４　東京発一〇：三〇＝大阪着一二：一〇
③ＤＣ４　東京発一六：〇〇＝大阪着一七：四〇
④マーチン　東京発一九：四〇＝大阪着二一：一〇
⑤マーチン　東京発九：四五＝札幌着一二：一五

（上り）
①マーチン　大阪発八：〇〇＝東京着九：二五
②ＤＣ４　大阪発一三：一五＝東京着一四：五〇
③マーチン　福岡発一三：五〇＝大阪着一五：一五、同発一五：三五＝東京着一七：〇〇
④ＤＣ４　大阪発一九：二〇＝東京着二〇：五五
⑤マーチン　札幌発一三：一五＝東京着一五：四〇

大人片道運賃は前述したように東京＝大阪が六千円、大阪＝福岡五千五百二十円、東京＝札幌一万二千円だった。

十月半ばすぎ、日本航空創立から二か月あまり、占領下で日本人が操縦することは許可されていないのに、将来にそなえてパイロットや整備員など、技術系の社員の採用が本格的にはじまった。これは戦後、松尾が航空庁を組織したときと同様の考え方だった。一人前の会社として自主運航ができるようになる日にそなえて、それまではおのおの専門分野ではなく、パーサーやランプ・クルーとして働いてもらうことにしたのである。

さて、このころ入社した社員に吉田仟がいる。吉田は営業部に所属していた佐野開作とふたりで、退職後も日航のアーカイヴズでボランティアをしてきた。アーカイヴズではボランティアの場合はエプロンを身につけることになっているらしい。小柄な佐野には感じなかったが、上背のある背筋がピンと伸びた吉田がエプロンをしていると、なにかそぐわぬ雰囲気をわたしは感じたものだった。佐野の営業マンタイプの当たりの柔らかさに比べると、吉田は現役時代は強面だったのではないだろうか、と想像させられた。吉田から手渡された資料は完璧なもので、日本航空への思いがつまった見事なものだった。

「十月三十一日に入社し、社員番号は129番でした。技術系の社員はこのころの入社になったのです」

そもそも吉田の先祖は佐賀鍋島藩の武士であり、明治以降となっても代々吉田家の男子は陸軍士官学校にはいって軍人として生きてきたというから、やはり雰囲気はその人の経歴をも語るものである。

吉田自身も広島陸軍幼年学校を経て陸軍予科士官学校生となった。昭和十九（一九四四）年三月に繰り上げ卒業、入間にある陸軍航空士官学校で模擬訓練にはいった。太平洋戦争は悪化の一途をたどっていた。軍人である二人の兄はすでにフィリピン沖で戦死、吉田自身、翌四五年には満州行きが決まった。十九歳だった。

「その時期に満州に行くということは、特攻となって戦闘するということなんですね。終戦の年の東京大空襲のあと国内には訓練場所がなくなり、満州の牡丹江《ぼたんこう》に移動して操縦訓練に入ることになりました。練習機は、ドイツ製の名飛行機ユングマンのライセンスを買って日本が製作した四式基本練習機や九九式高等練習機で、いよいよお国のために死ぬときがきたと思いました」

八月九日にはソ連が満州に侵攻した。その日吉田の所属する連隊は牡丹江河岸にあった。塹壕を掘って十日昼いよいよ出撃となった。

「上から見ると、カワラナデシコの花が綺麗でした。白と赤紫の花でね」

連隊は十二機の飛行機があり、三機で一編隊をつくり、攻撃態勢となる。吉田は第四編隊の三番、つまりシンガリに割り当てられ出動、上空で他の機を待っていた。

ところが十二機のうち二、三機のエンジンがかからず、上空で待つ吉田らにも着陸命令が出た。突撃が中止となったのである。

まもなく関東軍司令官の命令で、連隊は十一日に貨車で満州と朝鮮を結ぶ鉄道の要所の通化に移動、そこで敗戦の玉音放送を聴くことになった。

「敗戦は痛恨の極みでしたが、終戦となったおかげで、特攻で死なずに終わったわけです。貨物船で博多に上陸したのは八月二十二日。無蓋貨車で航空士官学校に向かうときに広島を通ったけれど、そのときは原爆ということもわからなかった。青い、リンと思われる火がところどころで燃えていました。結局、学校は閉校で、父と母親がいる佐賀の実家に戻りました。父はハノイ近くの海岸で負傷して両足とも自由がきかず、働ける男手はわたしだけ。慣れない百姓でなんとか喰いつなごうとしたのだけれど」

馬耕で使う馬が栄養失調で死んでしまうくらいの貧困をあじわった。やがて陸軍将校だった父は死去、その直後に元連隊長から東京の業務局に出頭するようにと連絡がはいった。吉田は有楽町にあった生命保険協会につとめ、ここで四年が過ぎた。

「それでもただただ飛行機に乗りたい気持が強くて、それを口にせずにはいられない状態だったですね。たまたま僕の下宿に航空記者として活躍していた産経新聞の方の弟がいて、その縁で日航の松尾さんの奥さんと面識を得て、日本航空の面接を受けることになったのです」

創業の夏に面接を受けて合格、入社は十月末となった。

しかし、どんな職種かは告げられなかった。もちろん第一志望はパイロットとしての勤務である。吉田は松尾静磨からも、日本人パイロットが空を飛べるようになる日がくる、と激励された。産経の記者からも社内で募集がはじまったら「いの一番にパイロットになるのに手をあげろ」とねじを巻かれていた。

入社直後にパイロットの公募がはじまった。吉田はさっそくチャンスがきたと感じた。ところが、パイロット一期生に応募してきた顔ぶれたるや、錚々たるものだった。戦中を生き抜いてきた、名人の飛行機乗りがならんでいた。

飛行時間は千時間から二千時間、国内線一番機にのりこんだ小田は三十代だったが、飛行時間が二千時間だったことは先に述べた。

しかし、日本人が操縦桿をにぎることは許されていないから、将来自分たちが操縦席にすわる日を想定して新型機を習熟すること、また客に相対することによってサービス精神をやしなうことを目的として配属されるのだ。車掌のように検札のために「航空券拝見」と座席をまわらなければならない。実際搭乗してみると、乗客からは「日航は人相の悪い男が機内サービスをしている」と言われるようにもなった。

パイロットなのに、航務部運航課勤務を命ぜられ、入社後はノースウェスト航空のディスパッチ（運航管理）に出向いて研修を受けたのは三人だった。

そのなかのひとりである尾崎行良は、最初は日航の基幹社員として運航に入った。彼の祖父は「憲政の神様」といわれた政治家尾崎行雄であり、父親である尾崎行輝も参議院議員を一期つとめ、パイロットとしての経験から日本航空の創立に尽力した人物だった。大正時代初期から飛行機に乗っていた行輝は、大正時代の航空について「そのころは飛行機といっても、木や針金をはりまわした骨組みに布を置いた、俗に行灯《あんどん》飛行機などといわれる小さなもので、高度も五〇〇か一〇〇〇メートル、せいぜい昇って三〇〇〇メートル程度であったし、飛ばせるにしても朝の四時ごろ、それこそ気流のおだやかな時を選び、ちょっとでも風が出ようものならあわてて、格納してしまうような始末」だったと回想している。

行良は当初は米国のマニュアル翻訳などに従事していたが、その後ディスパッチ業務の習得が課題となり、九月下旬からは羽田のノースウェスト航空ディスパッチ・ルームに休暇もなく連日通いはじめた。その後めでたくも、アメリカ大使館で資格を取得し、日本人ディスパッチャー第一号となったのである。

パイロットだった水間博志も、のちにディスパッチに加わる。水間は戦前は民間パイロットの最高教育機関である「官立高等航空機乗員養成所」操縦科の教官として、多くのパイロットを養成してきた。太平洋戦争の激化のなかでは、民間パイロットをめざした学生たちも、陸軍航空部隊の戦力となってしまった。特攻隊員として散る教え子を見送るだけの日々がつづいた。やがて養成所は解散し、自身も陸軍省航空本部軍属嘱託、大日本航空株式会社嘱託として、軍関係の要人空輸の任務をになった。両親も兄弟もいない天涯孤独の境遇にあった水間は祖父母に育てられたが、飛行機乗りになるにあたって、「一人っ子で大丈夫か」との質問に、「同意は得ています」などと嘘の答えをならべて鳥人になったのである。

戦後の広島飛行場にも降り立ってきた。そこは「地獄絵そのものだった」と回想している。航空活動全面禁止の時代には航空保安部に属していた。日本航空発足のときに、松尾から運航要員の先発隊として採用されたのだ。

十二月二十四日には、江崎隆之もノースウェスト航空でのディスパッチ研修に加わった。

このように経験豊かなベテラン・パイロットがそろったから、陸軍航空士官学校を出たエリートとはいえ、若く飛行訓練を終えたばかりの吉田では、とても太刀打ちできなかったわけである。

吉田は一期生のパイロットにはなれず、十二月一日付けで若くて元気な男子ばかりが集められた「東京支所」勤務を命じられた。東京支所といえば聞こえはいいが、羽田の

「犬小屋」といわれた掘立小屋がそれである。主として理工系出身の若い男性が「ランプ・クルー」という作業職にされた。

また、ランプ・クルーも横文字にすれば格好いいが、「じつは飛行場の整備関係の雑役夫だった」と吉田はいう。それでも毎日、飛行機の側にいる生活に満足していた。のちに吉田は本社企画課に配属されたこともあったが、「こういう飛行機の爆音も聞こえないようなところでは、航空会社にはいった気がしない。羽田に帰りたい」と人事の山崎課長に申し出た。

山崎のほうは、

「お前、企画課なんてのは出世コースなんだぞ、こういういいところにきたのになんだ」

と激怒したが、吉田がひるむことはなかった。

「いたくないので、しようがないです」

その結果、吉田は羽田の運航本部にうつる。それは二十六歳のときである。それまでの間、吉田は羽田飛行場でセピア色の作業衣に野球帽型の作業帽をかぶって勤務した。

さて、ランプ・クルーの仕事というのは、体力がなければできる仕事でない。この創業期の混乱時、ランプ・クルーは十一人、全員が三十歳以下で、地上職ではもっとも平均年齢が若い部署となった。

創立期の日本航空の整備技術系組織は「運航部整備課」で、わずか三名の陣容にすぎなかった。整備はノースウェスト航空に委託しているから実働部隊は必要ないとされた。そのかわりにランプ・クルーが、飛行機に乗せる荷物や貨物の上げ下げから、機内の掃除、機内食の搬入など、運航にかかわるあらゆる雑用を一手にひきうけた。

ここには吉田のような陸軍航空隊出身のものや、海軍出身の機関士、九州大学工学部出身の工学博士、油圧の技術屋として活躍していたものなどさまざまな経歴の男たちがいた。

日常的に彼らがたずさわる仕事は煩雑をきわめていた。みずからを「ランプ・クルー」にひっかけて「洋燈狂う」と自嘲気味に呼んでいたと、吉田は懐かしそうに回想する。

「いちばんたいへんだったのは、ラヴァトリーの掃除でしたね。羽田は外国の航空会社が国際線を飛ばしていたから、トイレット・サービスの会社がはいっていて汚物を吸い出してもらっていました。それでも客室内のトイレを水で洗うという作業はたいへんで、あるとき乗客がダイヤの指輪をトイレに落としたというものだから、手を突っ込んで探したこともありました。また大阪のほうでは国際線が飛んでなかったから、トイレット・サービスの会社もなく、すべて自分たちでやった。DC4の時代ですが、飛行場で肥桶をぶら下げた天秤棒をかついでいたのです」

肥桶だけでなく、すべてのものは手で運ばれ、荷物を持ち上げる昇降式のフォークリフトなどはない時代だった。

乗客が乗り降りする階段(パッセンジャー・ステップ)から、掃除用具や機内で使用する紙コップ、そのほかの物品すべてを運び入れていた。作業するには不便きわまりなかった。

まもなく医学士であり工学士のランプ・クルーの同僚・中村信一郎が、整備用のステップの設計図を書いてきた。

そこには階段にデッキがついている。つまり機内に運び入れるものを一時的に階段上に置けるスペースが確保されていた。「ラダー」と呼ばれるようになるこの整備用のステップの発明で、作業の効率は数倍あがった。現場を知っているからこその有用な発明だった。草創期の吉田らランプ・クルーたちは、その作業のマニュアル化もおこなった。

東大航空研究所の廃止で

戦後の航空整備の草分けが、日本航空の整備部門である。

翌昭和二十七(一九五二)年二月には、ノースウェスト航空の教官が派遣されて、本格的な教育が開始されることになるが、すでに日航側からは見習い整備員として技術者、平沢秀雄ら十二人が派遣されて、ノースウェスト航空の整備員たちと共に働きはじめていた。

のちに専務となった平沢秀雄は、私が初めて会ったときには九十三歳となっていた。旅と写真を趣味とし、八十歳を過ぎても毎年のように長距離を飛ぶ旅に出かけた。アフリカをめざす「サバンナクラブ―東アフリカ友の会」にも入り、草原に生きる野生動物たちを撮影して本やカレンダーを作っていた。南極大陸も二度訪ねた。二度目には、一ヶ月も滞在したという。

さすがに九十歳を過ぎてからは遠出をしないようになったというが、それでも平成二十九年にはバリ島まで足をのばし、上高地を訪ね、知床には冬夏二度行き、丹頂鶴やシャチの写真を撮った。日本航空協会の顧問を務め、国際航空連盟からシルバーメダルを授与されたりもした。再生を果たした日本航空の整備部門の現役世代とも、定期的に会食をしていた。

日本のマスコミが一切報道しなかったことだが、二〇一三年、一四年と二年連続で、ボーイング社の「エイビエーション・ウィーク」誌が実施したエアライン評価で、日本航空が「トップ・パフォーマンス・エアラインズ」の一位となった。これは財務健全性、利益率、資本効率、経営の効率指標を調査し、合計点で比較した結果だった。古巣の復権を口にするとき、平沢の口元には笑みが浮かぶ。

「ＪＡＬが再生を果たしたんですよ」

平沢秀雄は一九二二（大正十一）年東京生まれ、東京第一高等学校から東京帝国大学第二工学部航空機体学科に入学した。この第二工学部は軍事産業を支える工学者や技術者養成を目的として、一九四二年に新設されたものだった。

入学試験では、本郷にある第一工学部か千葉の第二かを選ぶことはできず、平沢が第二工学部に行くことになったのも、大学側の判断によってだった。

東京育ちの平沢は、稲毛海岸に面した松林と雑草が生い茂る、突貫工事でできた上がったばかりのキャンパスには驚いたものである。風が吹けば赤土が舞い、ここでの寮生活が始まった。

木造二階建ての校舎の入り口には、ドイツのハインケル戦闘機の現物が置かれていた。多くの工学系の名士を輩出することになる第二工学部だが、それは教授たちに進取の気性と自由さがあったためだという。

平沢は、流体力学の第一人者である谷一郎から教えを受けた。ドイツ語が堪能な谷が使った教科書は、空気力学の原書だった。旧制高校では外国語教育が充実し、第二外国語でドイツ語を学んだ平沢だったが、英語ならともかく、ドイツ語の細かいニュアンスには苦労したものである。

実学という方向性も明らかで、飛行機製造会社である中島飛行機で陸軍の戦闘機「隼」の設計に携わり、のちに国産ロケット開発に尽力する糸川英夫も引き抜かれて教鞭をとっていた。

しかし、戦中であるため在学は二年六か月に短縮され、しかも軍事教練や軍事演習もあり、向学の思いが残った。

昭和十九年九月の繰り上げ卒業時には、駒場の東大航空研究所風洞部への就職が決まっていた。だが、在学中に「海軍短期現役」の試験に合格していたため、五日後には浜松近くの海軍浜名海兵団に入団することになった。短期現役とは、徴兵制度の特例で、兵としての訓練期間を経ることなく任用されるものだった。特に、理科系の旧制大学出身者は実戦部隊に送られることはなかった。

九月下旬、平沢は海軍技術中尉として、横須賀の海軍航空技術廠の飛行機部工場に配属された。

敗戦の決まった翌年八月十五日は、海軍で研究を続けるなかで迎えた。就職先だった東大航空研究所に戻ってはみたが、まもなく航空に関する活動はすべて禁止されるようになってしまった。

「学生時代からずっと航空に関する研究ばかりだったでしょう。何をしたらいいのか、まったく目標もなくなってね」

この研究所は、五二年以降は生産技術研究所として再出発するが、

「このときは〈航空研究所〉。その看板も敗戦後は〈理工学研究所〉に変わってしまっ

た。ある日、一台のジープが構内を視察しにきて、その後で僕が実験に使っていた風洞などすべての研究施設が破壊され、撤去されることになった。

東大の航空研には、長距離飛行の世界記録を作った〈航研機〉に使われた歴史的航空遺産と言うべきエンジンもあったが、それも分解、廃棄が命じられた。

しかし、僕は諦めきれなかった。そのエンジンの吸気弁と排気弁一対を、密かに自宅に持ち帰って保管しましたよ」

のちに財団法人日本航空協会が航空遺産継承基金を設立したとき、平沢はそれらを国立科学博物館に寄贈した。

「その理工学研究所では、航空の代わりに発電用の風車の研究を始め、学生に風車の講義をしたりしていた。海上保安庁から依頼されて、発電用風車の仕様を提案もした」

平沢が設計した灯台は、日本で初めての電化灯台となったが、禁止されてしまった航空の研究は、理論的な計算止まりだった。困惑と不安の中、昭和二十六年、日本航空株式会社が設立されることを知った。

「とにかく飛行機に触れる仕事がしたい」と、新橋に近い本社で面接を受けて採用された。

研究所を退職して、平沢が入社したのが昭和二十六年十月二十六日である。

「我が手で整備」を悲願とする日航では、十月の委託運航開始に合わせ、将来の自主運航に備えてこの頃十二人の整備要員を採用し、平沢はその一人となった。すでに米空軍で整備経験を持つ人もいたが、整備自体がノースウェストに委託されており、米国人技術者の助手として働く一方、立ち遅れた航空整備技術の習得に励んだわけである。

「日航はノースウェスト航空からマーチン202型三機とDC4型一機をリースしていたでしょう。入社すると、即日ノースウェストに出向しました。東京支社長の訓示の後で、すぐに『この中から何人かがノースにいく』と、その場で指名された」

しかし、平沢ら整備部門の人々が、日本航空に入社の手続きが取られた形跡が、見当たらないのである。いかに草創期の日本航空が混乱していたかがわかる。

「入社すると、社内では〈ノースウェスト派遣整備員〉と呼ばれていました。皆が一度にではなく、一月ぐらいの間にバラバラと採用された形でね。当時は、朝鮮戦争の最中ですから、米軍の輸送機優先で格納庫は空いている時だけしか使わせてもらえず、いきなり毎日夜間の固定シフト勤務だった。大変寒かったことを鮮明に覚えてますよ」

航空保安部から

平沢より先に〈ノースウェスト派遣整備員〉となっていたのが、斎藤金男である。斎藤は平沢より一歳年上で、二〇一五年に会ったときには、極めて元気だった。その後足腰が弱ったため一人で外出するのを憚るようになったが、電話口の声はいつも明確で、元気である。

「僕の場合は、航空保安部が解体されて、上司だった松尾さんが日本航空の役員になられたので、入れてもらったんだ」

斎藤は、戦前の東京府立化学工業学校化学機械科を卒業すると、逓信省航空局の乗員養成所に入った。ここでは、操縦士と航空機関士になるコースがあり、斎藤は航空機関士を選んだ。

「そのころすでに仙台、米子には航空局の乗員養成所があり、僕は教官となった。その後、航空局では十数か所の乗員養成所が全国にできることになるが、養成所を新しく作るときの最初の実行部隊として、僕が行くようになりました。

松尾さんが上司のときでね。敗戦のとき、僕は福岡にいて、二年ぐらいたってから、福岡では仕事がないからというので、東京の航空保安部に戻るようにいわれた。航空保安部では日本中に無線網を作る仕事をしていて、その後、松尾さんが日本航空に移られるというので、お願いした」

しかし、日本航空に入るなり、ノースウェスト航空に派遣され、夜ばかりの勤務となった。

「そこに東大の航空を出た平沢さんが入ってきたんだ」

十二人の派遣整備員は、毎晩、機体を掃除したり便所掃除をしたりした。身分証明書の写真を撮るためにMPの事務所へ行ったりもした。同僚の一人は、「グラス！」と怒鳴られ、その意味がすぐにはわからずに呆然とした。眼鏡をはずせ、といわれたことに気づくにはしばらく時間がかかった。

ノースウェスト航空の整備員との会話は、もっぱら英語であり、旧制の専門学校で英語を叩き込まれたことが、斎藤には幸いとなった。それでも、落ち着かない気持ちで、羽田での夜間生活が始まった。

出勤は大森駅前から出る夜勤者用のバスを使った。暗がりの中でバスを待ちながら、今晩の仕事はなんだろうかと考えて、家路を急ぐ人々や点滅するネオンを眺めたものだった。

明けて昭和二十七年二月、新たに〈整備講習生〉として二十名あまりが採用となった。彼らもノースウェストに委託されて、整備技術の講習を受けることになった。これにノースウェストに採用されて働いていた日本人四名を合わせた四十名ほどの人々が、整備の中核となっていく。

九十七歳となる斎藤の記憶は鮮明である。

「平沢さんらとともに、ここでマーチン202のグランド・スクールも受けた」

平沢の記憶も瞬く間に、当時に戻っていく。

「アメリカ式の組織的な整備方式に感心したけれど、部品や材料を惜しげもなく交換する作業は無駄があるようにも思えた。でも数か月やってみて、一応の理由があることを知って、アメリカ式に馴染んだというか。マーチン202の講義は毎日三、四時間あった。昼間講義を受けるグループと、夕方から講義を受けて、そのまま二十時から翌朝の六時まで十時間の勤務。こんな勤務形態が五月ごろまで続いたかな」

ノースウェストでは残業手当も夜勤手当もつかなかった。家族と離れて暮らしている者もいた。

斎藤金男はその後、航空機関士となり、国内はもちろん国際線を飛ぶようになる。

「まだパイロットが米国人ばかりのときから、航空機関士として飛んだ。当時は陸軍士官学校出身のエリートパイロットもいたけれど、陸士では英語は勉強しないんだ。ところが、旧制の専門学校では英語はしっかり勉強させる。だから、米国人パイロットらとも、僕は一緒に飛ぶことになった。その後、日本人パイロットが誕生し、パイロット一期生たちとも飛んでいましたよ。平沢さんも語学ができたから、彼はサンフランシスコやロサンゼルスの駐在になった。

ウェーキ経由のホノルルやサンフランシスコにも飛び、ロサンゼルス開設のときも、航空機関士として乗務しました」

斎藤は、最後は東京＝台湾を飛ぶことになったアジア航空に所属し、六十二歳で定年を迎える。

急がぬ旅は日航で、日航は欠航

国内線定期便が運航しはじめた十月、座席利用率は七四パーセントだった。十一月は七三・九パーセント、十二月は七七・一パーセントと、比較的好調なすべりだしとなった。

とくに東京＝札幌は人気があった。料金は一万二千円だったが、国鉄だと三十四、五時間かかるところが、飛行機だと二時間半で着き時間を有用に使えるのである。

便数は東京＝大阪間は日に三往復のダイヤとなったが、全体の便数も、座席数も少なく、想定したような収益にはつながらなかった。

世の中は敗戦後のインフレーションがまだ尾をひいていて、庶民は苦しい生活を強いられていた。当時の物価や所得水準からすれば航空運賃はかなり高価で、やはり高嶺の花だった。

当初のお祭り騒ぎがおさまると、乗客は一流企業の社長たちや進駐軍関係者になってきた。そのほかには商人、なかでもブローカーたちの羽ぶりがよかった。高級バーやクラブのママ、料理屋の女将らの鼻息も荒かった。東京、京都、大阪、博多などそれぞれに店をもって、通勤がわりにつかう女将もいた。

しかし、日航のフライトは欠航や延発が多くなった。調べてみると、そういったことが起こるのは、東京ではきまって日曜日と火曜日だった。それは国際線のノースウェスト機が米国から日本に飛んでくる日にあたり、その日になると日航機の整備にあたっている人々がみな自社機優先とするため、ノースウェスト機のほうにいってしまうのだった。これが占領下の日本の現実だった。

大阪では朝七時に乗客があらわれても、オイル・リーク（油漏れ）のためにエンジンがかからないこともあった。いったん乗った客にまた降りてもらい、日航の大阪整備責任者の声にあわせて、みなで何回もプロペラをまわしたこともある。

また福岡では、「きょう来ます」「きょう来ます」と言い訳しているうちに、三日間欠航となったこともあった。大阪行きの便を待っているという朝鮮半島からの米軍一時帰休兵が、事務所にはいってきていきなり言った。

「おまえを撃ち殺す。俺にはもう休暇がないのだ」

手にしたピストルは日航社員に向けられている。京都に日本人の恋人がいたということらしいが、「明日はかならず来ますから」と社員が必死で説得し、やっと納得してもらった。

まもなく「日光は結構」をもじった「日航は欠航」、「急がぬ旅は日航機で」などと、皮肉たっぷりのありがたくない評判がたちはじめた。

このころの毎月の社報には、整備関係の遅延や天候不良などによる遅延が長々と記されている。

佐野はつぎのようなエピソードもあったことを披露する。

「もしもし日航かね。きょうは飛行機は飛ぶだろうね」

「はい、飛ぶ予定でございます。お客さまのご住所とお電話番号をお願いします」

「そんなものまでなぜ必要かね？　ちゃんと行くよ。心配せんでええ」

「都合により休航になることもございますので、遅れて出発する場合はあらかじめお客さまにご連絡することになっています」

「なに急行！　普通でいいんだよ、急がないから」

「いいえ、飛行機が飛ばなくなることです」

こんな珍妙な会話がかわされたのも、この時代である。

また、飛行機の故障で欠航となったとき、ご夫婦の帰宅が翌日になるという電話を自宅にすると、乗客名簿にのっていた妻その人が電話口に出るということもあった。夫は別の婦人をともなっていたということも多く、日航と乗客との間には複雑怪奇なトラブルや話題が絶えなかったようである。

ダイヤが狂ってくると、スチュワーデスたちのフライトもしょっちゅう変更になった。一期生だった伊丹政子にとっては、混乱していたとはいえやはり創業期は懐かしい。

「当初はスチュワーデスがしなくてはいけない仕事がとてもたくさんありました。銀座からバスで羽田にお客さまといっしょにくるときには、バスガイドのような感じでした。羽田に着いたら、犬小屋にお客さまを案内します」

犬小屋の隣にある飯場のようなバラックが待合室になっていたが、そこは吹きさらしの場所で、折りたたみ椅子がもうしわけ程度においてあった。トイレもなく、乗客には市内営業所を出るときに済ませるようにご案内したものである。

「そこにある椅子をセットして、お客さまには、ここでお待ちください、と申し上げてからわたしたちは機内に向かいます。トイレに溶解剤を入れたりすることはもちろん、トイレが故障したときだったと思うけれど、機内にオマルをもって上がっていったこともあったわ。空酔いのための吐袋もセットして。それからお客さまにサービスするサンドイッチを取りに、また犬小屋まで戻ります。

そのころは、スチュワーデスの教育などもまだ確立してなくて、機内サービスのマニュアルもなかった。ただ印象にのこっているのは、課長からお客さまの頭をみてお客がなにを欲しているか考えろといわれたこと。機内でうしろのほうに立っていると、お客さまの頭しかみえないでしょう。お客さまにいわれてからお茶をもっていくようなら、ウェイトレスと同じだと自分でも思ってたわ。

要するに自分の家に招くのと同じだということ。夫婦喧嘩している人もいれば、これから親の家に行く人もいる。それを感じ取れ、心だ心だ、頭をつかってハートで感じろと、そうすればアメリカに勝てる。その言葉が忘れられないですね。スチュワーデスになって、先にやってしまう、その先を考える癖がついたような気がします」

それだけいろいろな技量が要求される仕事だった。

乗客のほうもまだ飛行機での旅にまったく慣れていないから、珍妙なこともいろいろ起こった。サンドイッチにはさまれているのはハムとチーズだが、チーズを見るのが初めてで、「石けんがはさまっている」と言う客や、座席にすわるやズボンを脱いでステテコ姿になる客もいる。マーチンには冷房がなく扇風機が頭上についている状態でたしかに暑いのだが、外国人も同乗している飛行機のなかでは国際的なマナーが必要とされる。公の場でズボンは脱がないという常識も、スチュワーデスが丁寧に客に説明しなくてはならなかった。また飛行機酔いをする客も多く、吐袋を回収してトイレにおいて、あとはランプ・クルーにまかせるのである。

「でもそのあとで、入れ歯をいっしょに吐いてしまったというお客さまもいて、おはしでかきまぜて取り出したこともあります」

創業期には接客の訓練などはなく、個人の技量にたよっていたと伊丹政子は証言する。

試験飛行だけでやめてしまった一期生もいた。あるとき筆頭重役の森村勇のところにみなで呼ばれたことがあった。廊下で待っていると、泣いて出てくる一期生もいて、な

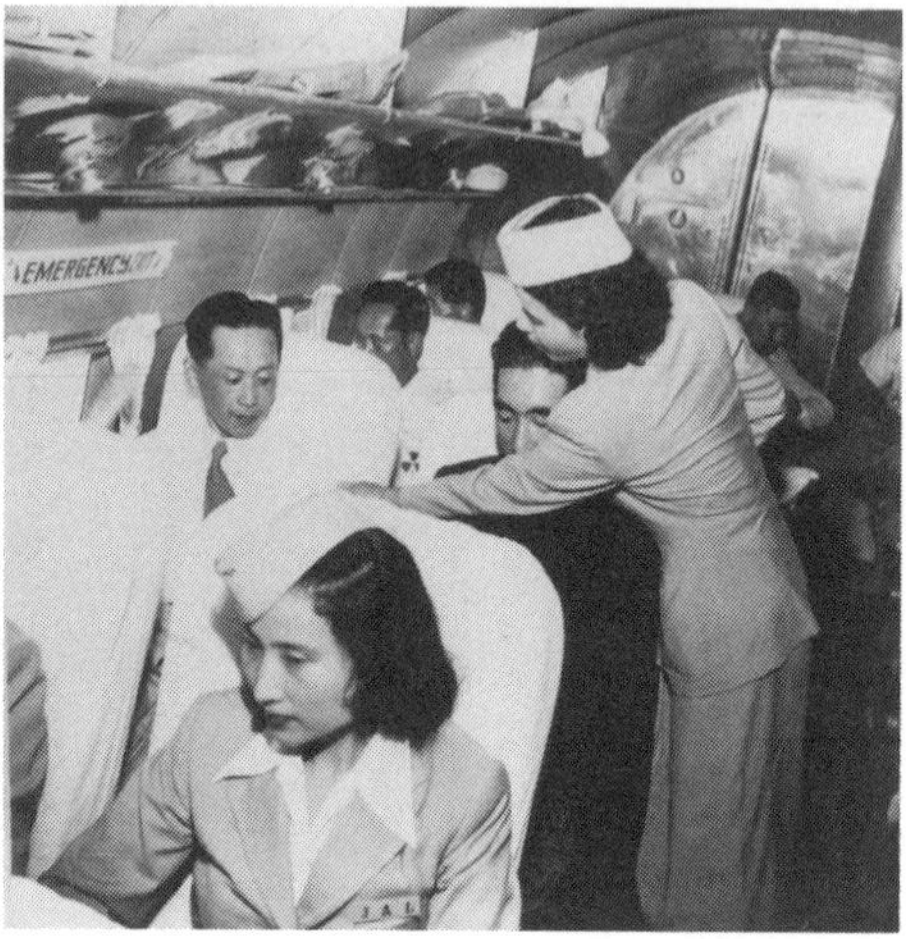

機内サービス

にかと思ったが、退職を求められたというわけだった。運輸大臣の紹介だったという五人がこのときにいっきに辞めた。スケジュールをこなしていない一期生もいて、このころからスチュワーデスのやりくりがとてもたいへんになってきた。

冬、雪のために札幌に着陸できないときやそのほかのトラブルで、米軍基地のある三沢に「不時着」することがあった。こんなときにパニックを起こしてしまい、乗客のことが考えられない一期生もいた。

竹田悠子も三沢については思い出が多い。

「朝の札幌行きの便がエンジントラブルを起こして三沢で不時着したことがありました。飛行機はほかにはありません。お客さまは六十人。米軍基地の事務所にいって電話をお借りして会社に連絡しなければならない。パーサーの尾崎行良さんと、少しでも早くお客さまを旅立たせたいとおもって、国鉄の駅までいって駅長さんにかけあったり、交通公社にいって切符を手配してもらったり。バスを出してくれといっても、なかなか難しい時代です。お客さまをお送りして洞爺丸に手をふって別れたときには、夜になっていました。尾崎さんと旅館を探して泊まって、彼は結婚したばかりだったからのろけていましたね。翌朝になってふたりとも制服のままで、列車で帰京しました」

伊丹政子も、三沢に「不時着」すると悲劇だったと回想する。

「不時着すると、旅館の手配をしなければならないでしょう。それでやっと旅館にはいると、そこでお客さまが飛行機から荷物を出したいとおっしゃるわけ。雪の中また戻って、飛行機のドアを開けて荷物を下ろさなくてはなりません。電話をかけてくれ、電報を打ってくれ、とお客さまのほうも飛行機の遅れを連絡しなくてはならないから、こちらは深い雪のなかを何度も往復することになって、冬なんて泣きながら歩いてました。ハイヒールの踵がほとんどなくなっちゃったこともありました」

乗客へのおわびとして、こういうときには次回搭乗の際につかえる割引券やタダ券を差し上げたものである。不時着の時刻があまりに遅いと旅館の手配もできず、機内で夜明かしをしたこともある。三沢には当初駐在員もいなかったために、同乗したスチュワーデスとパーサーで、乗客全員が泊まれるように三、四軒の旅館に連絡をとって宿泊の手配をするのである。全員に部屋にはいってもらうまでに三、四時間はかかった。

社内では細かい規定が定まっているわけでもなく、機転がきかなければスチュワーデスがつとまらない時代である。

一方でのんびりした時代だともいえた。竹田悠子は自分の飼っている猫が子猫を六匹産んだとき、大阪支店の社員が欲しいといってきたので、バッグに入れて機内持ち込みで大阪まで連れて行ったこともあった。機内では猫は人気者となり、そんな写真も見せてくれた。

しかし、竹田や伊丹のようにフライトを楽しみ、仕事を見事にこなしていく女性たちがいる一方で、パイロット要員や地上職員と社内結婚して退職したスチュワーデスもいた。そんなことは、当時の職場環境からしても当然のことだろうが、赤坂でかつて芸妓をしていたことが判明したり、既婚者や子どものある母だったりというケースもあった。それらはべつに応募要項にかなっていなかったわけではない。「二十歳から三十歳まで、容姿端麗、身長と体重、高卒以上、英会話可能」が〈資格〉としてしめされていただけである。だから二十九歳で応募して合格した者もいた。

しかし、その年から勤めたら、いくつまで働けるか、と人事部は頭を悩ませるようになった。まもなく「スチュワーデスの勤務は三十歳まで」という規程ができた。

注目を浴びた一期生だったが、数か月たたぬうちに数人となり、伊丹、竹田ら残った数人ですべてのフライトを飛ばなければならなくなった。だから一人あたりのフライトが、ひと月に百四十時間から百八十時間になった。休日が月に何日という規程はまだなかったのである。

「通勤は電車でしたから、朝の第一便のときはまだ明るくならないうちに家を出なくてはならなかったの」

伊丹政子は当時の勤務状況を詳細に説明しはじめた。

東京発福岡行きの三〇一便は羽田発八時から、のちには七時三十分発となる。その一時間前に羽田行きのバスが銀座から出発するが、これに同乗するために、さらに約一時間前の朝の五時半には出社しなくてはならない。そのためには何時に家を出ればいいか。逆算すると、列車は動いているが冬は真っ暗という時刻である。

営業所に乗客が次第に集まってくる。バスの出発時刻になると、営業部からパッセンジャー・リストをもらって客を呼び集め、バスにのっていただく。新橋、品川でも客をひろう。羽田の犬小屋に着くと、「おまちください」と折りたたみ椅子をだし、火鉢に木炭の火をおこす。それも露天でたった一つの暖房だった。一人のスチュワーデスはサンドイッチとコーヒーを機内に持ちこみ、もう一人はお手洗い用のタンクの溶解剤を持参してトイレにセットする。パンチングマシーンと乗務報告用紙を東京支所でもらうことを忘れてはいけない。その間二十分である。吐袋とゴミ袋を機内にセットし、乗客を機内に案内する。

羽田を出発すると名古屋までが一時間四十分。名古屋で下りる客の名をアナウンスする。到着後、給油をすませて、名古屋＝大阪が四十分。大阪では給油ほかのため一時間の滞在をし、岩国、福岡へ飛ぶ。この便は向かい風のためなにかと遅れ気味となるが、遅れるとその案内などもあり、食事をする暇はもちろんトイレにいく時間もなくなる。伊丹の場合、朝からなにも口にしていないことが多く、客の残り物をひとくち口に入れてしのいだこともあった。

福岡で最後の乗客が下りると、支所長らがきて「ご苦労さん」と挨拶がある。梅干しが用意されていて、それをいただき、それからまた上り便の準備となった。

やっと羽田に到着すると「お荷物をお引き取りください」と客に案内し、乗務報告を地上職員に渡してから、また東京営業所までバスに同乗する。品川と新橋では笑顔で客を見送り、東京営業所に着いたときには夜の十時。なにも食事らしいものは食べていない。ときには営業所で牛乳を出してくれたが、新橋からの終電車に間に合うよう急いだ。

政子にとってはいちばんつらかった日々である。

「ほんとうにたいへんで休みがまったくなく、というか休めないのです。ほかにスチュワーデスがいないから。だから個人的にストライキにおよんだこともあるくらい」

竹田悠子も早朝から深夜まで働いた日のことは忘れられない。

「前の日の福岡便で家に戻ったときに見えた三日月が、空にまだかかっている間に、着替えてまた出発する、というようなことがしょっちゅうだった。あのときの三日月をいまでも思い出してしまって、なんだかまだ眼に見えるみたいで」

そんな勤務がつづいたために、悠子の父は羽田にも近い大森に家族で転居することを決意したのだった。

伊丹政子はそのころ福岡便のあとに松尾に話しかけられたことがある。

「あるとき専務の松尾さんに、家の方向が同じだから一緒に車に乗っていけと言われ、自宅まで送っていっていただいたことがあるの」

社員の労働条件や福利厚生向上のために組合をつくれといったのも松尾だった。創業年の十一月には、「日本航空労働組合」が結成されることになった。

スチュワーデスがいなければ、飛行機は飛ばすことはできない。十一月には急遽、二期生として五名が採用されたが、やはり社員の姉妹、親戚ほか、縁故にたよるしかなかった。

創業初年度の終わりも近づいてきた。決算は九千三百九十六万円ほどである。

鷹司信兼は、「この年には給料日に給料がもらえない遅配がありました。どんなに早出や遅帰りをしても手当は二千円で頭打ちという時代。本社は年末に東京駅前の新丸ビルを賃借できることになって移転したので、東京駅がよく見えました。国鉄は年二回ボーナス闘争をするでしょう。それで駅の外壁にその回答のたれ幕が垂れさがっているわけ。だけれど、その妥結額がうちの組合の要求よりも高い、というような状態でした。そのうち残業代も出るようになったけれど、それでも会社の利益の関係で、四千円で頭打ちということが、ずいぶんあとまで続きましたね」

と苦難の時代をふりかえる。

佐野開作も、「時計店時代の大きな金庫が銀座の営業所には残っていたけれど、中身はからっぽだったね」と証言している。

「でも、遅配だからといって気にしなかった。むしろ心配でしたけどね、会社がつづくのだろうかと。やっとここまできたのに。そっちのほうが気になっていた」

整備による遅延、欠航の問題も解決しなければ、社の前途はなかった。

そもそも資本金はわずか一億円である。外国の航空会社関係者が「三十万ドルばかりの資本金で、どうやって飛行機を飛ばすのか」と皮肉まじりに肩をすくめてみせたのも当然だった。

営業部員は一軒一軒ビルをまわってPRにつとめつづけた。社長の柳田も進んで講演をひきうけては航空事業は国家的な事業であると高らかに主張した。

「かつてはトレード・フォロー・フラッグ。つまり貿易は国旗、つまり船に従うといわれていたのですが、今日では飛行機の行くところに商売の繁盛があるのです。日本の国際賃借の改善をはかろうとするならば、国際航空を大規模なものにして、貿易外の受取勘定をふやすことが絶対に必要なのです」

国家としても外貨を増やさないことには、今後の国際社会に認められる繁栄はないだろう。将来性のある日本航空に投資することは、まさにこれからの日本に投資するのと同一だというわけである。

また今日では飛行機の行くところに経済の繁栄がある。さらに国家的に見れば、日本の国際航空を大規模なものにして、外貨を獲得することが必要だと力説したのである。今日では常識的な議論だが、当時はその常識も一般にはなかなか理解されなかった。

銀行十三社による協調融資のシンジケートができたのは会社が発足してまもない八月だったが、「航空に金を出すのはドブに捨てるようなもの」といわれることもあり、会計課は耐える日々がつづいた。

そもそも整備やパイロットは米国人だから、その人件費そのほかは国際水準にしなければならない。しかし、飛行機の運賃は国内での日本の汽車の料金を基準に運輸省の許可を得て決めるから、儲けを出すのは至難の業である。また国際的に日本航空をPRする機会はなく、日本航空が世界から認知されないのも問題だった。

資本金を二億とする倍額増資計画も難航していた。払い込み完了は昭和二十七年五月である。

しかし、そんななかで初年度の十二月には羽田に待望の自社ビルが誕生した。総工費は千三百万円、木造モルタルで建坪は二百三十六坪、うち待合室が四十坪、一階に日航東京支所、二階に航空庁事務所、羽田気象台、検疫所などの官庁が入居した。

翌昭和二十七年一月には、東京＝札幌便のうち週一往復を三沢に寄航開始、この月には五番機となるマーチン「か星号」、三月に六番機マーチンの「ど星号」がそれぞれ就航をはじめている。

三月からは東京＝札幌、東京＝大阪、東京＝福岡三路線を日二往復に増便し、また、東京＝大阪便一日一往復を名古屋に寄航開始した。

さらに四月に大阪＝福岡便一日一往復を岩国に寄航開始したことにより、札幌＝三沢＝東京＝大阪＝岩国＝福岡の国内新幹線ルートが誕生したことになる。これに先立ち、一月十日に三沢駐在員事務所を開設、三月に名古屋出張所、四月に岩国出張所を開設した。着々と日本航空の基盤が築かれつつあった。

第三章　「もく星号」事件から自主運航へ

「もく星号」事件

国内定期便が飛ぶようになってから、東京営業所の勤務は二交代制となった。職種はカウンター係と、そのうしろで電話を受ける予約係にわかれた。佐野開作が配属された係である。

二交代のシフト制では、夜勤の場合、最終便を送りだしてから仮眠をとり、翌朝始発便のあと九時に日勤にひきつぐ。とはいってもかたづけやらで、退社は朝十時ごろになった。

夜になると、ときどき停電にみまわれた。当時の電力事情はまだ劣悪で、都の中心であっても突如として社内が真っ暗になった。そんな場合にはろうそくをともすのだが、あるとき書類に燃えうつってしまったことがある。停電のときには注意しなくてはならない、と佐野は肝に銘じた。

やがて営業所内にはガスランプがもうけられたが、その結果、待合室や事務所にはゴム管が張りめぐらされて、クモの巣のようになってしまった。

最終便が離陸すると、ちょっとゆったりした気分となって、近くの銭湯の金春湯《こんぱるゆ》に行くこともあった。当時、西銀座界隈は置屋が軒をつらねていて、風呂屋のあたりには新橋のお姐さんたちが浴衣姿で歩いているのにも出くわした。そんな光景に、佐野はちょっと一息ついたものである。

仮眠室は三階の上にある屋根裏部屋で、綿がよったような蒲団をならべてのゴロ寝だった。

朝は新橋の闇市に買い出しにいき、コッペパンなどをかじって、守衛室にあるやかんで茶を入れる。徐々に乗客を迎える心持ちを整えていく。

朝の第一便である東京発大阪経由福岡行きは、当初は朝八時発だったが、翌昭和二十七（一九五二）年三月からは七時三十分発となった。

占領下の羽田飛行場はまだ米軍の管理下にあったから、出入りには検問がおこなわれており、航空会社のバスも例外ではなかった。高速道路もなかったが、自家用車をもつ人は少なかったから渋滞はなく、西銀座から空港への所要時間は三十分と見積もられていて、それ以上かかることはなかった。

乗客のチェックインは東京営業所ですべておこなった。手荷物などの重量をはかり、フライトが満席に近いと、重量制限のため乗客一人ひとりの体重も計測しなければならない。マーチン202は四十四人乗りの双発プロペラ機で、いまの飛行機とはくらべものにならないほど小さな飛行機だったからだ。

東京ステーションホテルからは、機内食のサンドイッチと紅茶入り魔法瓶が自転車で届けられる。客室乗務員がそれを持って、乗客といっしょにバスに乗り込む。空港まで東京営業所の社員も同伴する。

飛行場の検問所につくと、身分証明書を身につけた営業所の社員が、客と乗務員のリストを手渡す。そのリストをもって検問所のMP（憲兵）がバスに乗りこんでくる。中を見まわし、ときには身体検査までされる始末である。緊張する一瞬だった。

ある冬の朝、寝過ごした佐野が東京営業所のシャッターをあわてて開けると、といっても、これがチェーン式のシャッターで下にひっぱるとシャッターが上にあがるという方式だったから、身体の小さい佐野には重くてひと苦労だったのだが、そのシャッターがまだ十分あがりきらないうちに、寒さをこらえきれず長身を折り曲げるようにして入ってきた男がいた。見ると銀幕スターの池部良ではないか。大スターでもバスで移動する時代だった。

朝、ひときわにぎやかだったのが貨物係のコーナーである。新聞各社のオートバイがきて東京発送の原稿が持ち込まれ、帰りには地方からの原稿を受け取っていった。すべて郵便でおこなわれていた。

当時は映画の全盛時代である。テレビもなく映画館でのニュース映画がその役目を果たしていた。それらのフィルムが各地に送られていく。これはかなりの重量があったから、重さで料金が決まる貨物として、航空会社にとってはよい収入源となっていた。封切りに備えて、各地の映画館に送られる筒入りポスターなどもひんぱんに持ち込まれたものだった。

下関のフグが航空貨物で運ばれ、銀座の料亭で食べられるようになったのも話題となった。

毎朝、貨物係の日課はノリを煮ることではじまった。「ワレモノ」「天地無用」などのラベルを貼るためのもので、ノリ皿とハケを手にしていたら、彼は貨物係というわけであった。

さて、昭和二十七年四月九日のことである。

前日からの夜勤で銀座の東京営業所に泊まりこんでいた佐野は、第一便福岡行き三〇一便のために六時前に屋根裏部屋から起きだした。外は雨である。雨脚は強くなりつつある。

佐野はともかく洗面所で顔を洗った。守衛室にあるやかんで湯をわかして、同僚と茶を飲んでいた。

「きょうは仕事が明けたら、このまま映画でも見にいこうか」

しかし、佐野は前日の晩はよく眠れなかった。

「映画もいいけど、どうせ夜勤明けだと映画館で眠ってしまうから、僕はこのまま帰ります」

相手は入社では同期だが、年齢的には数歳上なので佐野は丁寧語で応えた。

家に帰ってひと眠りしたら、描きかけの「もく星号」の絵を仕上げてしまいたいと思っていた。子供のころからの趣味はいまだに健在だった。

「そうか、しようがないな。ひとりで行ってみるか」

と同僚はつぶやいた。

四月三日には、二名の元パイロットが米国オクラホマ民間航空局訓練所に派遣されていた。長野英麿と糸永吉運である。ふたりは元大日本航空株式会社で、戦前は太平洋を飛び回っていた超ベテラン・パイロットだった。また千葉県の元海軍飛行場の茂原でも、単発プロペラのセスナ機でパイロットとして採用された一期生十三名の操縦訓練がまもなくはじめられることになっていた。

そんな話をしている間に貨物係がせわしなく活動をはじめ、乗客が来る時刻も迫ってきた。

さて、この朝もいつもと変わりなく、佐野は第一便を送り出してから帰宅した。

ところが、その「もく星号」が消えたという放送が、ラジオから流れはじめたのである。

羽田空港上空は低気圧の接近中で、風雨の激しい悪天候にみまわれていた。天候は運航計画に大きな影響をおよぼすが、管制塔からの指示でゴーサインがでて、三〇一便N－93043、大阪経由福岡板付空港行きの「もく星号」マーチン202は羽田空港を離陸した。定刻七時三十分より十二分遅れの七時四十二分発で、計器飛行方式で館山上空へむけて上昇していった。

運航乗員は機長、副操縦士ともアメリカ人だった。

ほどなく埼玉県にあった米空軍ジョンソン基地（現・航空自衛隊入間基地）の航空管制センターには、三〇一便より「七時五十七分に館山上空を通過。高度六〇〇〇フィート。八時七分に大島上空到達予定」と通告があった。

ところがこれを最後に同機は消息を絶ち、管制センターからの呼びかけにも応答がなくなってしまった。

やがて燃料の尽きる時間になった。海上保安庁、日本側関係各機関、在日米空・海軍による捜索救難活動が開始されようとしていた。

このころ伊丹政子は羽田に出勤していた。

すでに羽田の事務所は騒然としていたが、ラジオの臨時ニュースを耳にしてふたたび現実を認識した。

三〇一便福岡行きの「もく星号」に乗務した権田節子のことが思い出されて、狼狽していた。昨日の午後、政子は彼女から電話をもらっていたのである。

「ジャミ？　わたし、権田よ。明日三〇一便福岡行きが入っているのだけれど、乗務をかわってもらえないかしら。じつは明日が誕生日なの」

三〇一便は東京を七時三十分に発ち、福岡には十一時二十分着の予定である。そのまま乗務員は福岡に一泊して、翌日東京へ戻る。博多の町に出かけることもできて、フライトとしてはいちばん楽しみな便でもある。でも誕生日だから休みたいという権田には、特別の事情があるのを政子は知っていた。

権田節子はドイツ人男性と交際していた。記念日をより大切にする外国人の彼から、東京で二人だけのディナーの誘いがあったらしい。博多で誕生日の夜を迎えるのでなく、東京で二人だけの特別な夜を過ごしたいのである。

政子はすぐに快い返事をした。あとで政子は知ったのだが、権田は何人かの同期生のところに電話してスケジュールを確認していたらしい。

政子はじつは、同日の十時十分発の大阪便が入っていた。このフライトは日帰りで午後三時過ぎには東京に到着する。その便なら夕食には間に合うというので、権田は交代してほしい、と頼んだ。このような乗務員同士で融通しあうスケジュール変更は、フライト数も乗務員数も少ない当時はしばしばおこなわれていたのである。

ところが、その晩政子が一泊用の荷物をまとめていると、こんどは会社のスケジューラーから電話があった。明日の大阪便は機材の都合で泊まりになったというのである。

これでは交替してもなんの意味もない。むしろ福岡からよりも、大阪からの便のほうが東京到着は遅くなるという。そう伊丹が権田に電話すると、節子はすぐにあきらめた。

「そう、じゃあ、帰ってから一日遅れでお祝いしてもらうことにするわ」


その言葉が権田の声を聞いた最後となった。

日航関係のニュースは二十分おきに流れていた。

「臨時ニュースを申しあげます。日航三〇一便『もく星号』は、羽田を飛び立ち大阪へ向かっていましたが、消息を絶ち、現在行方不明となっています。目下、関係機関で調査中です」

羽田の日航事務所には社長や専務があらわれ、報道陣もつめかけてごったがえしはじめていた。すぐに事務所内に「もく星号事故対策本部」が設けられた。

しかし、飛行機の運航の責任はあくまでもノースウェスト航空にある。機体保険も旅客、貨物、郵便物に対する保険も同社がつけていた。日航はチケットに関しての保険だけをつけるのが許されたのみだった。

サンフランシスコ講和条約が発効となり、日本が独立するのは同月二十八日。柳田社長は年頭の辞で、講和条約が発効となれば、占領下のさまざまな制約がとりのぞかれて、自由な活動が我が社にもゆるされると、国際線への進出をも表明した。いっぽうで日本の自立がもとめられるわけで、会社としてももっとも気を引きしめていた時期でもあったはずなのである。

日航としては、ノースウェストの運航管理の見習いとして詰めている三人の社員からの連絡を待つしか方法がなかった。

彼らは、運航規定、離発着管理、飛行計画、航空気象、運航、情報管理業務全般を学ぶと共に、三人交代制で日航本社とのコーディネーター役も兼ねていた。日航では報道陣から事態の説明を求められても、明らかにできる情報はまだ限られていた。

前日に飛行計画を作成したのはそのなかの一人、水間博志だった。外国航空会社のアメリカ人ばかりの部屋でただ一人、英語で泣かされながら運航業務を学んでいた。三〇一便の飛行計画書は水間が、機長、副操縦士の名前をタイプした。

深夜〇時過ぎに会社を出て、帰宅の途についた。帰宅したあとはいつもどおり梅割り焼酎をコップ一杯ひっかけて、眠りこけたのである。毎日が疲労の連続で、眠り薬がわりのこの一杯が水間にとってなによりの楽しみだった。

翌日は明け番の休みだったから、水間は朝八時すぎに寝ぼけた状態で寝床でラジオをつけた。すると、臨時ニュースが流れた。大阪経由板付空港行きの「もく星号」が行方不明。耳を疑った。

水間は航空保安部時代から、羽田飛行場を職場として滑走路や照明施設の点検補修など、維持管理の仕事を各業者に仕分けして監督する仕事、つまり「土方の現場監督」として立ち働いてきた。

ハネダ・エアベース内には、いたるところに「オフ・リミット」(立入禁止)の英語の標識がたてられ、ここに日本人が入ろうものなら、即、憲兵にひっぱられて留置場入りとなるのだ。ときどき土木作業員が英語の意味がわからずに入ってしまうことがあり、憲兵司令部に問い合わせると「モンキーが五匹いる」というので、水間は贈り物をもってもらい受けにいくのだ。皆、首をなでながら「殺されるかと思った」と言った。その後工事がふえると「モンキーハウス」は大入り満員になり、憲兵のほうが悲鳴をあげはじめ、悪いのは現場監督だというので、飛行機野郎までが留置場にぶちこまれた。

こうして地元住民を強制的に立ち退かせて滑走路の拡張工事はつづき、長さ二一六〇メートルのA滑走路と、一六五〇メートルのB滑走路が完成したわけだ。

再び臨時ニュースが流れた。水間は不吉な想いが募って家にいても落ち着かず、羽田のノースウェスト航空運航室に駆けつけた。

事故の真相

政子の乗務する大阪行きが離陸した。「もく星号」遭難の報を受け、搭乗前打ち合わせのブリーフィングでは「上空から下をよく見て飛ぶように」と言われた。しかし、地上と同じように上空も荒れていて、窓の外を雲が飛んでいく。雲中飛行で大揺れだった。

潮岬《しおのみさき》南南東一〇〇キロメートルの地点を中心に、半径三三〇キロメートルの範囲には暴風警報が出ていて、伊豆大島付近は豪雨と濃霧で、強い突風をともなう西の風が吹き荒れていた。

三原山は霧に覆われてまったく見えなかった。政子の胸中は複雑だった。もしわたしが権田のかわりに飛んでいたら、いまごろは行方不明になっていたかもしれない。乗務員として、いつこのようなことに遭遇するかはわからない。あらためてこの仕事の責任と危険性を認識した。

夜になってやっと朗報が飛び込んできた。米軍側が、静岡県の舞阪沖約一マイルの地点に「もく星号」が不時着したことを確認して、全員生存という情報を出した。

大阪の宿でその連絡を聞いたとき、乗務員の間には安堵の歓声があがった。しかし、ほっとしたのもつかの間、また追って別の情報がもたらされた。

水間のいる羽田でもデマや怪情報がさかんに飛びかっていた。遠州灘に機体が浮いている……。鈴鹿山頂に尾翼らしきものがある……。伊勢湾海上に機体の一部が発見された……。しかし、いずれも誤報で、「もく星号」の行方は明らかにならなかった。陸、海、空からの合同捜査は悪天候のため難航をきわめていて、捜索は夜になって中止になった。

銀座の営業所には乗客の家族や関係者が心配そうな面持ちでつめかけ、午後七時過ぎには六十名に達した。一方かつての社長室には藤山、柳田はじめ八名の幹部が沈痛な面持ちで閉じこもっていた。

午後八時半、松尾は「今までの情報は根拠が薄くなってきた」と悲観的な情報を発表、一瞬ざわめきの声が広がった。柳田も沈痛な口調で家族に説明したが、不安に表情をこわばらせて情報をまちつづけるばかりだった。まもなく日航営業所前のレストランに控え室がうつされた。十一時すぎには藤山が悲しい知らせを説明しなければならなかった。「どうしていままではっきりしなかったのだ」などと詰め寄る声に、藤山は平身低頭し、苦しい立場を三十分にわたって説明した。

翌四月十日は快晴だった。航路は往路と帰路では別となる。そのため政子は帰路に三原山を確認することはできなかった。羽田にもどってから日航とノースウェスト航空が協議して三〇一便の飛行計画通りの航路で捜索をはじめたことを知った。

使用機材はマーチンよりも大型の四発プロペラ機ＤＣ４の「てんおう星号」を使い、

アメリカ人パイロット、ノースウェスト航空関係者、新聞記者、警視庁捜査員、日航からは水間が指名され、総勢二十名が搭乗することになった。

「てんおう星号」は「もく星号」とまったく同じように、羽田から館山までは高度二〇〇〇フィートで飛んだ。館山で高度を上げ、伊豆大島上空を四〇〇〇フィートで通過しようとしたときだった。

ここからは航空管制の許可を得て有視界飛行となる。水間はなにか予感がして、機長に「三原山上空をもう一回旋回してほしい」と頼んだ。米人機長は快く承知すると、すぐに左旋回して三原山に向けて西進した。

三原山は海抜七五八メートルである。海原に浮かんだ緑色の島の中央には、活火山であることを示す灰茶色の地肌があらわになっている。そのとき、前方の山頂東側の尾根に、朝の太陽光線のなかで異常に光り輝いている銀色の物体が見えた。

「あれだ！」

水間が絶叫した。

「キャプテン！　ルック！　オーヴァー・ゼア！　ゴウ・ストレート」

日の丸の赤を思わせる尾翼の断片があった。

「ザッツ・ライト」

機長はそう応じると、すぐさま無線でノースウェスト航空運航室に連絡を入れた。八時三十四分だった。

三原山の山頂から東側斜面の標高六五〇メートル、約二一三〇フィート付近に、幅約一〇〇メートル、長さ約一〇〇〇メートルの帯状に散乱する残骸があった。エンジンも機体も真っ黒に焼け焦げていた。

約一時間後の九時四十分、ヘリコプターで飛んできた米軍捜索隊員五名が落下傘で降下し、「もく星号」の遭難を確認した。

乗務員四名、乗客三十三名は全員死亡、機体は全壊していた。日航が発足してまだ五か月半。航空機の所有も運航も禁止されていたため、日航は日本の航空会社でありながら、運航・整備をすべてアメリカのノースウェスト航空に委託するという変則的な運営を強いられていたが、再開されたばかりの民間航空の事故の衝撃は大きかった。乗客のなかには八幡製鉄社長や有名な漫談家なども搭乗していた。

事故の起こった当日、竹田悠子は風邪で寝込んでいて自宅に待機していた。墜落した飛行機に搭乗していた権田のことを思い出して呆然とした。権田とはよくいっしょにフライトをしたのだ。

マーチンに乗務するときのスチュワーデスは一人だが、ダグラスDC4便では座席数が六十四席から六十九席となるため、二人のスチュワーデスが乗務する。そのとき竹田は権田と飛ぶことが多く、会社ではいつのまにか「ゴンタケ・コンビ」と呼ばれるようになっていたのだ。

前日、権田は竹田に電話してきた。悠子は昼間から寝床についていた。

「明日、誕生日だからフライトを替わってほしいの」

「風邪をひいていてとても無理」

悠子の声はひどいものだったにちがいない。受話器を通してもすぐにわかったとみえ、権田はすぐに電話を切った。結局、だれも交代することができなかったのだ。もし自分が風邪をひいていなかったら、替わってあげたはずだ。いったい「もく星号」になにが起こったのだろう。悠子は複雑な思いにおそわれて蒲団を頭からかぶった。


フライトから帰宅した伊丹政子はその翌日「サン」という新聞を手にして、腸《はらわた》が煮えくり返った。「サン」は一般の新聞とはちょっとちがっていて、写真新聞と呼ばれるほど写真を主にして記事を構成している。

数か月前の日本航空創業時にはスチュワーデスの訓練風景を撮影にきたこともある。東京事務所でサービスの実際をフィリピン航空のチーフ・スチュワーデスから教えられている一期生たちの姿。

「一日ウェイトレス」という写真には、白いエプロンをかけたホテルテートの制服姿で訓練を受けている様子。慈恵医大で白衣をまとって応急処置をおこなう「ニワカ女医さん」というタイトルの写真もあった。「エチケットのやかましい英国紳士や、おしゃれなパリジェンヌも乗せるとあれば、お茶一杯の勧め方にも気を配って」とクレジットの入った機内サービス中の写真もあった。スチュワーデスを特集すれば販売数が伸びるというわけなのだろう。

その同じ新聞が三原山の事故を第一面のトップにしている。

それはスチュワーデスに焦点をあてたセンセーショナルな記事だった。亡くなった権田の痛ましい姿が新聞の一面に大きく取り上げられていたのである。墜落後に火災が発生しなかったので制服姿の遺体で、権田のスカートがめくれあがっていた。

政子は上司に懇願せずにはいられなかった。

「わたしも死ぬのは覚悟していますが、亡くなってあのような姿を新聞に載せられるなんてあんまりです。会社も新聞報道をチェックしてほしい。今後もあるかもしれないのですから」

思わず語気を強めた。スチュワーデスという職業に誇りをもつ者として、同僚へのせめてもの供養だった。

記事によると、その権田の制服のポケットからは紅茶のティーバッグが出てきたという。

いったいなぜティーバッグがはいっていたのか。新聞にはそんな疑問が書かれていた。政子は、権田がどうしてティーバッグをしのばせていたのかを知っている。

訓練中に資生堂で美容講習を受けたが、そのとき飛行機では気圧が変化するので空気が薄くなったり、乾燥したりするため肌の保湿が大切だということを教えられた。実際、乗務中に眼がはればったいと感じたこともある。

権田は進歩的で斬新なことを考え出す女性で、そのようなことへの対策を用意した。化粧室にはいったときなどに、紅茶のティーバッグを濡らして眼を冷やすと、はればったさが少しひくと言っていたのである。紅茶の成分がいいのか、水で濡らすということがいいのかわからなかったが、この日、乗務のあとすぐに彼とデートをするのであれば、そのことを考えてまずポケットに自分の分をしのばせて、美容に気をつかっていたとしても不思議ではなかった。

それにしても、事故の原因はなんだったのか。さまざまな憶測が社内でも乱れ飛んだ。

本格的な事故調査もさっそく開始されたが、米軍占領下では自主的調査がみとめられず、GHQ、極東空軍司令部、憲兵司令部が主体となることになった。その結果は、パイロットが低高度で飛行し、三原山に衝突したのであろうという、きわめて曖昧な推定がなされただけだった。

このような事故原因の究明方法では今後の日本の航空界の発展はない、と日本航空と政府が動いた。日本政府がみずから事故究明をおこなうと、一週間後の四月十六日には航空庁長官を長として七人の委員からなる特別調査委員会が組織された。

事故機と同型のマーチン202型機は、この事故以前に十五件の事故を起こしていた。調査委員会はまず機体自体に着目した。そういった調査はこれまで経験がないことだったから難渋をきわめたが、まもなく機体、エンジン、プロペラ、各装備品などはいずれも異常なしとの結論が出された。火災や空中衝突の可能性は否定された。

気象についても乱気流、下降流が発生していた可能性が考えられるものの、そのために操縦不能に陥ったり降下を余儀なくされたりするような状況ではなかったと推定された。

乗客たちはみなシートベルトをはずしていたことから、機長はなんらの異常も感じずに水平巡航飛行を続けていたと結論づけられた。以後の調査は、乗員と航空交通管制官のエラーなど人的要因にしぼられていった。

しかし、日本政府が調査をはじめるにあたって、米軍側は全面的な協力を約束したにもかかわらず、記録テープの提出はかたくなに拒否したままだった。

一方で事故の原因について国民は非常な関心をもっていた。日本の航空の夜明け直後のこの事故にたいして、さまざまな疑問がなげかけられた。

もっとも航空飛行は一般の人々にとってはまだ高嶺の花で自身が搭乗する機会もほとんどなく縁遠いものであったため、昭和四十年代以降の事故とは異なり、世間は好奇の目でこの事故をながめた。

「もく星号」が米軍機の射撃訓練の目標にされたと信じる人、米軍機と空中衝突して落ちたなどと主張をする人もあった。

事故の状況からみて、「もく星号」の山に衝突した直接原因が、操縦者の高度錯誤であったことはほぼ確実だったが、そこにはなんらかの間接的な要因があるはずだった。

調査委員会はまず、米軍航空管制センターから出された飛行許可の高度指示がまちがっていたのではないかと考えた。

すなわち飛行コースの羽田から館山、大島の各無線上空通過の飛行高度は、館山までが二〇〇〇フィート、館山から大島間は西行きの飛行の場合で四〇〇〇フィート、または六〇〇〇フィートが使用されていた。ちなみに東行きのルートは奇数の高度が当てられる。

米軍航空管制センターの証言では、最初「館山通過後十分間は高度二〇〇〇フィート」との指示を出し、そのあとで「館山通過後は六〇〇〇フィート」と訂正、機長もこの訂正を確認したとされてはいるものの、機長の記憶のなかには最初の「館山通過後十分間は二〇〇〇フィート」という指示が潜在的に残っていて、離陸後なんらかの操作ないし事象に気をとられているうちに館山通過後も無意識のうちに、二〇〇〇フィートの高度を維持しつづけたまま飛行したのではないか、という推測がなされた。

三原山は標高二三〇〇フィートだから、二〇〇〇フィートのまま飛び続けたら激突してしまう。当時の天候は悪く、雲中飛行で三原山が目視できないことは天気図の上からも判定できた。

もっぱら責任は乗員にあるという推定原因でかたづけられようとしていた。

この機長は事故の二十六日前に初めて来日し、以後日本国内をわずか十回飛行したにすぎず、同様に副操縦士も二月末に来日、国内で十四回乗務しただけだった。

さらに事故発生直後から機長の飲酒の問題が指摘された。同機長はふだんから毎日相当量飲酒する習慣があって、事故の前夜も宿舎で飲酒していたのが目撃されていた。また当日朝、同機長を宿舎から羽田空港まで輸送したハイヤーの運転手も、同機長がまだ酩酊状態にあったことを証言した。

それによると、ハイヤーに乗り込んできた機長は赤い顔をして眼もドロンとしており、羽田で下車したときも、ハイヤーの伝票にサインするのを忘れて立ち去った。まもなくふたたび現れた機長に同運転手がサインを求めると不審な顔をしたが、やがて思い出したらしくサインしたものの、その手は震えていたという。また、このときに近くを通りかかった人物が機長を呼び止めたが、まったく気づかない様子で立ち去るなど、あきらかに酩酊状態だと感じられたというのだ。

この問題も事故発生直後一部の新聞で報道され、また国会でも質疑がおこなわれたにもかかわらず、なぜかそのまま立ち消えとなってしまい、調査委員会の報告書にも記述がない。事故直後に来日したノースウェスト航空副社長の「公共輸送機で乗員の飲酒操縦などはあり得まい」という否定声明がそのまま受けいれられ、原因追及の埒外におかれてしまったようである。

機長らの遺体解剖がおこなわれなかったので、科学的に証明することはできなかった。

一方、米軍側があくまでも管制官と機長の交信記録の提出を拒否したのは、ほかに米軍側になんらかの重大なエラーがあり、それを隠すためではなかったのかという強い疑いも残った。館山＝大島間の最低安全高度は四〇〇〇フィート以上と決められているのに、なぜ二〇〇〇フィートで飛びつづけたのか。

当時は航空機側には記録装置が搭載されていなかったので、管制機関に残された交信記録がもっとも有効な物証だった。

それなのに交信記録が提出されなかったため、日本側の調査は頓挫した。テープが提出されない以上、もはや調査の進展は望めないとして調査を打ち切るしかなかった。

占領下の、しかも他国の軍隊による管制という特殊な環境にあったとはいえ、民間機の事故調査に際して、証拠物件の提出を拒否するという今日では想像もできないことがまかり通ったが、日本政府は甘んじて受け入れるほかなかった。

この事故の調査は委員会設置から二十五日間で報告書が提出されて終わった。「事故の直接原因は操縦者の錯誤により、計器飛行のため各航空路について規定されている最低高度以下を飛行したことによるものと推定される」と結論づけた。

「もく星号」墜落事故は、世界の航空事故史上きわめて異例のケースとなった。松本清張も『日本の黒い霧』の中で「『もく星』号遭難事件」として占領軍の権威を示す事件と推理して作品にしたてたほどである。

米軍航空管制センター側の混乱、そのほかなんらかの間接原因にもとづく操縦者の運航上の錯誤ということは確実なのだが、米軍の管制員が誤った指示を出したのか、機長自身の判断だったのかについては大いに意見が分かれた。

たとえ、地上から誤った指示を受けたにせよ、機長が日本の地形に精通していれば、館山から二〇〇〇フィートの高度を八分間飛行すると三原山にぶつかることはわかりきっているのだから、地上の指示に盲従せず、その訂正を要求できたはずなのだ。つまり管制員のミスは、事故の間接原因となったかもしれないが、直接の原因はあくまで機長の錯誤にあるとの討論もなされた。

この不幸な事故は、管制員のミスや、機長のちょっとした油断などが運悪く重なった結果起こったものであり、真相は藪の中となったが、間接的な要因として、日本の国内航空が営業面は日本航空、整備と運航面はノースウェストという変則的かつ二元的な運営がなされていることが指摘され、強い批判をあびることになってしまった。

このときパーサーとして同乗していた関山哲雄は元大日本航空のベテラン・パイロットだったが、操縦室には一歩もはいれなかった。もしこのときパイロット業務見習いで操縦室にいたら、三原山の標高と、このままでは激突することを機長に知らせることができたと推測されるのである。彼は戦前、このルートを自分の庭のようにして何百回も飛びまわり、安全高度も山の高さも知り尽くしていた。二〇〇〇フィートで飛行すれば、三原山に衝突することぐらいは百も承知していたはずなのに、おそらくスチュワーデスといっしょにお茶のサービスをしていたにちがいないのである。

水間は、このフライトに乗務する数日前に関山が、

「米国人パイロットはわれわれの操縦室立ち入りを嫌って、入れてくれないんだよ。お茶汲みパーサー業務じゃ、操縦感覚の勉強どころじゃないよ」

とさかんにこぼしていたことを記憶していた。松尾は、関山が操縦室にいたら、と悔やんだ。

戦後民間航空の第一便として飛んだマーチン202型機、「もく星号」が東京から福岡に向けて飛んで半年あまり、日本航空の前途は暗澹たるものになったかにみえた。

ところが皮肉にも、この事故が結果として日本航空の自主運航のきっかけをつくるこ

となる。

サクラ・フライト

航空専門の技術者と自負する松尾は、航空事業のむずかしさを痛感した。四六時中、否、一分一秒でも油断ができない。飛行機は、いつ事故をおこすかもしれない。ひとたび事故をおこすと、せっかく築いた信用がたちまち失われ、企業は何年も逆戻りしてしまう。安全はあらゆるものに優先する、事故だけはけっして起こしてはいけない、そのためには運航と整備の技術を最高水準にしなければ。「もく星号」の事故は、松尾の決意を新たにさせた。

創業して半年後の事故に、社長の柳田と会長の藤山愛一郎も衝撃を受けた。乗客の半分以上は九州の出身だった。

航空機のメカニックの専門家でない二人は、自分たちが最低限できることとして、同日中に、都内在住の遭難者の自宅を一軒のこらずおわびにまわりはじめた。ノースウェスト側は「責任を認めたことになる」と反対したが、藤山は「日本人とアメリカ人はちがう」と押し切った。

運航はノースウェスト側が責任をもっているいわば他人まかせの運航だとしても、日本航空の名前で営業しているからには、全責任を負わなければならないと藤山と柳田は痛切に感じていた。徹夜の弔問を終えたときには、白々と夜が明けはじめていた。

その後も柳田はお金だけで解決できるものではないとして、「般若心経」二百六十二文字を自分で書いては遺族の方々におくりつづけた。仏様のお言葉でお慰めするよりほかお慰め申すことができないと強く感じていた。「安全運航」が身にしみた柳田はその後、社長室に神棚を置くようになる。秘書として翌年、入社した藤波八重子（後に鷹司信兼の妻）は、「役員のなかでは柳田社長が一番怖かったですね。秘書の仕事としては、朝出勤すると、まずは神棚のお掃除。ともかく柳田社長は神棚でした」と回想している。

鷹司信兼は事故三日後の十一日に大島に向かっている。救援隊が組織され、報道関係者が乗るバスに同乗した。それ以来、新聞記者など報道関係者と馴染みとなり、翌年からは販売部宣伝課に籍をおくようになる。遺品を引きわたす際の立ち会いをして、翌日は遺族とともに帰京した。

東京の月島桟橋付近には仮焼香所が設営されていた。東海汽船は半旗を掲げ、藤山やノースウェスト副社長、航空庁関係者が整列するなか、遺族が下船し遺体が到着した。二十九日には築地本願寺で合同の葬儀がとりおこなわれた。

この事故のときは、社長、会長の二人がそろってすばやく対応したため、旅客の遺族からのクレームがまったく出なかった。それどころか遺児のなかから、日航にはいる者が三名現れた。犠牲となった三鬼隆・八幡製鉄社長の娘満喜子は地上職でなく、スチュワーデスとなって空を飛びはじめるのである。

専務の松尾は、「あらゆるものに優先して安全をあげるべきだ。『もく星号』の事故はアメリカ人によるもので、このような大事なものをすべてアメリカ人に任せておくことはできない」と主張して、いまこそ整備や運航を日本人の手にとりもどして自主運航を早めるべきだと、日本政府やアメリカ側に談判をはじめていた。まがりなりにも、パイロットや整備士などの人的遺産は温存してきたのである。

一方、営業部のほうはまた別の障害にみまわれていた。年があけてからマーチンの二機「ど星号」、「か星号」がくわわり、「きん星号」、「すい星号」、DC4「てんおう星号」が就航していたが、乗客がまったく集まらなくなった。

竹田悠子は乗客が一名だったフライトのことを記憶している。

「よく乗ってらした方で、市田さまという方でした。この時代は座席指定もなく、お客さまは自由にお席を選ぶことができました。乗務員のほうも決まった席はなく、このとき隣にわたしが座るととてもよろこばれて。いろいろお話ししていると、神戸の西のほうに塩屋という外国人居留地もある町があり、うちの親戚と隣同士だということもわかりました」

のちにスポット・カンバセーションと呼ばれるようになるこうした会話は、顧客とのつながりを強くする。

「もく星号」の事故以来、佐野が電話で営業をこころみても、わざわざ高額な飛行機を利用しようとする者はいなかった。

かといって飛行機を欠航するわけにはいかない。

「サクラ・フライト」——美しい桜の花にちなんだ飛行のことではない。じつは、やむにやまれず、乗客ゼロという記録をつくらないために、社員や社員の家族たちがサクラとなって日航機に乗り込むのである。

事故が起こっても、それはただの偶然であって、今後心配はない、そんなふうに考えて国内移動に飛行機を使う人々はいるのだということを、乗客の数で証明しなくては日航の信頼は回復しないと考えたのだった。こういうことが全社員一丸となっておこなわれたのも、創業期ゆえのことだったように感じられる。

外資か否か　白洲次郎のもくろみ

さて、「もく星号」の事故直後の昭和二十七（一九五二）年四月二十八日、第三次吉田内閣第二次改造内閣のもと、前年九月にサンフランシスコで締結された講和条約が発効する。

ここに占領体制がおわって独立が成り、航空界もすぐに日本人の手に戻るものと考えられていた。日本航空の社内体制の整備も、すべてこれを見すえておこなわれたように思われる。

ところが、ふたたび障害があらわれた。それは吉田の側近といわれた白洲次郎の後ろ盾による「日米航空株式会社」が設立されることになったことである。

この時期、吉田茂の政治力は絶大なものだった。

すでに記したように、吉田は戦後処理のただなかにある昭和二十一年五月、自由党総裁鳩山一郎がパージされたあと、内閣総理大臣に就任した。昭和二十三年、昭電疑獄により芦田内閣が瓦解すると第二次吉田内閣を組織し、このとき白洲は商工省のなかの貿易庁初代長官となった。

翌年、吉田は衆議院議員総選挙に打ってでて自由党を大勝にみちびき、戦後の日本政治史上特筆すべき第三次吉田内閣を発足させたのである。

白洲はふたたび航空界に介入してきた。サンフランシスコ講和条約締結時にも白洲は同行、肩書きは「全権委員顧問」だった。

敗戦直後、私設首相秘書官として出発した白洲は、戦後の民間航空再開時にも米国のパン・アメリカン航空を導入しようとした。それは失敗に終わったが、そのあとで戦勝国による占領各国の航空会社合同による会社設立も模索した。

今回も白洲は、パン・アメリカン航空をもってこようとしていた。小林一三率いる京阪神急行電鉄が提携して新会社をつくる構想である。すでに日本航空は国内準幹線に進出していたが、この「日米航空株式会社」は、日本航空の路線と競合する路線、すなわち札幌から鹿児島まで全国規模の幹線、ならびに米子や新潟などを結ぶローカル線を計画していた。料金は東京＝大阪間三千五百円という破格の運賃が示された。

パン・アメリカン航空が航空機と乗員を提供、技術の援助をおこない、資本金の三〇パーセントを保有、当分の間は運航もパンナムがおこなうというものである。

この計画は京阪神急行電鉄本社において三月半ばに発表され、路線の免許申請が講和発効直後の四月末に提出された。

これは誕生後、一年にも満たない日本航空にとっては、重大な脅威だった。

白洲は日航だけでなく、日本の基幹産業においても外国資本と手を結ばせることを主張していたらしい。連合国軍が戦時に攻撃を避け、占領後のために残した日本最大の日本製鉄広畑製鉄所（現・新日鐵住金広畑製鐵所）が昭和二十三年に返還されることになったとき、白洲は外貨獲得のためにイギリス企業との合弁を主唱した。

このとき同社の永野重雄が激怒し、「広畑を取れなければ腹を切る。将来の日本経済のため、製鉄業を外国資本に任せられるか」と言い、政治工作をおこなってぎりぎりのところで阻止した、と徳本栄一郎著『英国機密ファイルの昭和天皇』（新潮社）には記されている。のちに、白洲と永野は銀座のクラブで鉢合わせし、永野が白洲の頭をテーブルにおしつけたという。白洲は海外企業の日本進出を手助けする「占領期に出現した国際的ブローカー」だった。

権力の中枢に近い白洲の計画だったが、ここで世論がまた日本航空に味方してくれた。現代では白洲人気は高く、どうなることかわからないが、独立で盛り上がりをみせていた当時、世論とジャーナリズムは「日本の空は日本人の手で」と昂まりを見せ、ついにこの会社の実現はみなかったのである。

「もく星号」の事故は、占領下の変則が産んだ悲劇であり、借り物の飛行機、借り物のパイロット、整備もすべて他人まかせだったために起こってしまった、という考えは説得力をもっていた。こんな大事なことをアメリカ人に任せておくことはおかしい。講和後の自主運航の安全のためには、日本人の技術者と整備をもっと大切にしなくてはいけない、日本航空の進むべき道と世論が一致したのだった。

あらゆるものに安全は優先されなければならない。そのためには日本ならではの運航と整備が必要となる。パイロットの訓練はすでにはじめられ、松尾は運航の布石を打っていた。

ネバー・ハップン

松尾静磨がまだ航空庁に在籍していたころのことである。テーラー中佐にしたがって航空事情の視察のために初渡米したときのことを、松尾は忘れることはできなかった。

DC4型旅客機にのり、アラスカ経由のコースで米国へむかった。途中、アンカレッジに寄航したが、日本人であるという理由で入国や税関手続きを一番後まわしにされた。松尾の前にはフィリピン人や中国人がならんでいた。敗戦国民であることの屈辱を、あのときほど身にしみて感じたことはなかった。

そのときの旅行が印象にのこっているのは、それればかりではない。渡米中、日本政府からは出張手当が出たが、支給額は一日わずか十四ドルだった。ほかの出張員の手当が兵隊なみの七、八ドルだったのにくらべればまだよかったが、テーラー中佐が「君は日本の航空庁長官であるから、ホテルもやたらなところに泊まっては体面上よろしくない。僕の指定するところに泊まりたまえ」といって紹介されるのが、どの土地へいっても一流ホテルだったため、ホテル代として十ドルはもっていかれてしまった。あとには四ドルしか残らない。この四ドルですべてをまかなうつもりなので、視察よりも日々の生活のやりくりに神経をつかってしまったのである。

同行の部下も同様だったから、ふたりで話し合って朝食代を節約することにした。日本ではバナナといえば高級果物だったが、米国ではすでに安価になっていたから、バナナだけを食べて乗り切ることにした。

松尾のこの経験が、乗務員の出張手当という発想に結びついた。

スチュワーデス一期生の伊丹政子は、この制度が乗務員の待遇を考慮した素晴らしいものだったと回想している。伊丹は前述したように、松尾のタクシーに同乗させてもらった経験がある。

「パーディアム（出張手当）が支給されるようになったのも、滞在先のホテルで乗務員が一人部屋で眠れるということも、すべて松尾さんがその時代に考えたものなのね」

海外で時差に悩まされて眠れない場合、二人部屋ではお互いに睡眠をさまたげるなど不都合なことが起こる。また、一ドル三百六十円という円安で苦労した松尾の経験が乗務員の待遇に結びつくことになった。

松尾の目を開かせたのは、そればかりでない。

松尾は航空機の発展が想像以上の速度で進んでいることも実感した。

ニューヨーク市郊外の世界有数の航空機器メーカーを訪ねたときのことである。マッカーサー・フィールドとよばれる同社の試験飛行場で、松尾は最新式の自動操縦機器をつけたDC3型機に同乗した。地上からの電波に合わせて、操縦席のスイッチを切りかえると、電波が自動操縦装置に連動し、パイロットが手をこまねいていても、いともやすやすと離着陸できる仕組みだった。目を見張った。

上空に達するとパイロットがにやにや笑いながら、

「ミスター・マツオ、旋回飛行をやってみないか」

からかい半分の口調で話しかけてきた。

「ネバー・ハップン！（とんでもない）そんな自信はぜんぜんない」

しりごみする松尾を、彼は強引に操縦席へすわらせた。航空技術者ではあるものの、パイロットとしてはまったく素人の松尾は、どうなることかと生きた心地がしなかった。おろおろしながらも、操縦席に釘付けとなるしかなかった。

「そのスイッチをこういうふうに切り替えて」

指示に素直にしたがうと、機がひとりでに旋回しはじめるではないか！

操縦桿に指一本触れていないにもかかわらず、まるで「トンビが舞うように」ぐるぐる旋回をつづけている。松尾が呆然としていると、

「オーケー、ミスター・マツオ」

パイロットが肩を強くたたいた。

飛行機は格段の進歩を遂げている。日本の空にも早く飛行機を飛ばさなければ。

この日は、松尾に新たな決意をうながす日となった。

年とったボーイさん

そのころから松尾は、日本の独立によって可能となる自主運航に先駆けて、パイロット養成が急務だと考えはじめてもいた。しかし日航が設立されても、日本人パイロットは必要とされていない。そのために松尾が考え出したのが、すこしでも米国人パイロットの飛び方を学び、飛行機に慣れさせるため、パーサーという名目で、元パイロット連中を定期便に乗務させることだった。「もく星号」の事故のときにも、パーサーとして元パイロットが乗務していたことは、先に述べたとおりである。

一期生パイロットとして採用されたのは大日本航空、中華航空、満州航空など民間航空に所属した飛行機乗りたちで、戦争中は召集をうけて軍人として、あるいは軍属として、戦闘、爆撃、空輸などに関わり、国内はもちろん中国大陸、南太平洋地区、東亜圏を飛びまわり、アメリカ軍と闘い、生き抜いてきた猛者《もさ》たちだった。飛行時間もずばぬけて多い超ベテラン・パイロットばかりだった。

ここに遅れて入社してきたのが小田切晴雄だった。九州帝国大学から陸軍航空本部に入り、審査部ではテストパイロットを経験した。唯一の軍人パイロット出身者である。

また航空庁に在職していた木村正雄、西郡徹次もいた。この二人は米国と英国出身で、英語が得意だったことから大変重宝がられた異色のパイロットである。

二人は占領下では航空保安部の創設から航空庁にいたるまで、松尾や大庭のもとで民間航空再開の交渉役として、GHQの渉外事務の通訳として活躍してきた。またパイロット養成の座学がはじまるようになると、米国人教官による講座はすべて英語だったので、他の一期生たちは泣かされどおしだったにもかかわらず二人は厚遇された。乗務する場合の編成は、アメリカ人機長、副操縦士、元パイロットの日本人パーサー、スチュワーデスの四名（DC4型機はスチュワーデスが二名）で、この編成は初就航から操縦訓練開始の前日までつづいた。

戦時中のつい数年前まではアメリカ空軍相手に戦っていたのが、こんどは日航定期便でかたや米国人機長と副操縦士、かたやパーサーで乗務するという「屈辱的な運命」を歩むことになったと回想しているのは水間博志である。

水間は飛行時間の関係で二期生となったが、自著『おおぞらの飛翔』でさまざまなエピソードを披露している。

パーサーはコーヒーやお茶をいれると、それをスチュワーデスといっしょに乗客に配るのである。

「ご搭乗ありがとうございます。コーヒーをどうぞ。お茶をどうぞ」と機内を歩きまわる。

「おい、年とったボーイ！　このコーヒーはぬるいぞ。もっと温かいものと取り替えてこい」

「ワシは、若い美人がサービスするお茶のほうがうまいなあ。日航はなんでこんな年とったボーイを使うんだ！」

「オイ！　車掌ちょっと来い。福岡に着いたらタクシーの手配をしてくれ」

「今日は天気が良くて、富士山がきれいだ。富士山を一周するように、運転士に頼んでくれ」

水間によると、乗客からの苦情や注文は、そんなふうだったらしい。

パーサーたちはただ「ハイ、ハイ」と言って頭を下げなければならない。毎日が泣く思いだったらしいが、「近い将来、パイロットとして必ず飛ぶことができる」という希望があったから我慢できたという。

お茶汲みが終わって操縦室をのぞきこむと、

「ヘイ、ゴーアウト！　サン・オブ・ア・ビッチ」（出て行け、コンチクショウ）などと大声で米国人機長に怒鳴られる。引きあげてご機嫌とりにコーヒーを持参すると、

「スチュワーデスがくるようにしろ！」

と、素っ気なく追い返されもする。

彼らの操縦ぶりをなんとか盗み見たいという気持はおさえがたく、しかし、のぞくと

「サン・オブ・ア・ビッチ！」とやられる。

あるときとうとう堪忍袋の緒が切れたパーサーがいた。

「馬鹿野郎！」

米国人パイロットはなにを言われたかわからず、聞き返したが、彼は無言のまま立ち去り、悠々と客室にもどってくるやタバコを一服して「ああ、これで溜飲が下がった」とつぶやいた。しかし、「バカヤロウ」事件は有名となり、米国人パイロットがことあるごとに奇妙なアクセントでバカヤロウを連発するようになった。感情の行き違いは異常な状態でつづいた。

そんな現場に対して、松尾は「名パイロットは名パーサーならず」「パーサーは接客業失格だ」と、小言をいわずにはいられなかったらしい。


昭和二十七（一九五二）年四月「もく星号」事故直前には、長野英麿、糸永吉運の二名が、米国オクラホマ民間航空局訓練所に派遣された。日本人のパイロット派遣訓練の先発隊である。

五月には創立当初から採用していたパイロット要員――パイロット一期生が千葉県茂原飛行場に向かい、戦後初の日本における操縦訓練をはじめることになる。訓練生たちは風向風速をみずから測定して離着陸の方向を決める吹き流しをたて、燃料補給や整備の手伝いをしながら飛んだ。

その後、十一月、彼らは羽田から米国カリフォルニア州オークランドにあるトランス・オーシャン訓練所にむけて出発する。

水間は回想している。

「感激に満ちたベテラン・パイロットたちの顔、顔。キリッとしたゴツイ顔つきは、どう見てもパーサーには不向きのようであった。当日、羽田ターミナルロビーで、喜色満面の飛行機野郎十一名の諸氏を私は祝福を込めて見送ったが、みんなの顔つきはもう、往年のベテラン・パイロットの風貌に変身していた」

タラップをふむ足取りも軽く、手を振ってみな微笑を浮かべていた。元パイロットのパーサー業も終止符がうたれた。

あとに残った水間たちパイロット要員は、二期生として日本国内で訓練がはじめられることになる。超ベテランをはじめ、元航空局、元少佐、大尉クラスの人材で占められていた。めずらしいところでは飛行機製作会社のテストパイロットもいた。応募には盛業中の社長をやめてきたり、先祖伝来の田畑を処分して事業用操縦士の資格を身につけたりして飛び込んできた飛行機野郎もいた。二期生十九名は、長老格から若手まで年齢差は二十歳以上となった。

まもなくビーチクラフト製の双発プロペラ機三機が訓練専用機として購入され、アメリカで新たに高給で採用された飛行教官、学科兼英語教官などが赴任する。

学科は銀座の元本社と慈恵医大の教室を借りての授業だった。米国民間航空法にもとづく新しい学科ばかりで、それもすべてが英語による特訓だった。航空法、航空工学、航空気象、航空交通管制法などを英語で学び、一週間ごとに復習試験が課され、七十点以上をとらないと先の課程には進めなかった。

パイロット訓練生をアメリカに派遣

飛行訓練は羽田と焼津飛行場でおこなわれ、こちらは開放感があって息抜きができた。

とはいえ、教官の指示は英語である。早口のために訓練生はなかなか聞き取れない。

「セイ・アゲン、セイ・アゲン」

「ホワイ・セイ・アゲン！　サンズ・オブ・ビッチズ」

まだ二十代の若い教官と、その父親のような年齢のパイロット訓練生のやりとりはつづいた。若造のくせにとずいぶんと腹をたてた訓練生もいたが、我慢せざるをえなかった。

あるとき長老格のひとりが運航本部長に一大出世することになった。鼻ひげをはやし、恰幅のいい社長のような風格の森田勝人である。彼は外国人教官を監督する立場になるのである。つまり外国人教官の上司となるわけで、森田の最後の英語の授業だけはがらりと雰囲気が変わった。

「ミスター・モリタ。ヴェリー・グッド。ヴェリー・ヴェリー・グッド」

森田に対してだけは急にほめちぎるのである。

「うす気味悪いなあ」

森田はぺろりと舌をだした。

「本部長になんか任命されるより、わしはパイロットのほうがいいよ」

森田は最高齢者だったため、会社のほうではパイロットコースは無理だろうと判断し、その豊富な経験を管理に活かそうとして指名したのだった。

東洋一の整備　日本航空整備株式会社設立

パイロットたちが研修にはいると、つぎに松尾は自主整備をおこなえる体制を模索しはじめた。

いつも松尾のかたわらにいて、片腕として働いたのは技術屋の富永五郎だった。企画部長の伊藤良平は、富永が最初にいった言葉を生涯忘れなかった。

日本航空が発足したとき、富永は整備部門に計画の段階から参画した。

初のエンジン艤装作業が完成して（中央ワイシャツ姿が富永）

「わたしは飛行機とともに現場で働かないで、机にむかって勤務した者を整備員と思わないから、そのことを念頭においてくれ」

東北弁の富永は鋭い目つきで念を押した。つまり現場の経験のない理論だけわかった頭でっかちの社員に、整備の現場はまかせられない、というのが彼の安全運航に対する基本だった。

富永五郎は秋田県角館出身、東京帝国大学で航空工学を学んだあと、大日本航空輸送でMT1隼旅客機の製作をおこなった。

このように航空輸送会社が、自社で使用す

る飛行機を自社で製作するのは世界に例がなく、彼がこの隼の設計責任者だった。隼一号の初飛行を実現させたとき、富永は三十二歳だった。

その後、満州・奉天にある満州航空で技術課長となった。ここではオランダやイギリスから輸入した飛行機の同型を製造することが仕事だった。また関東軍からは川崎航空製の九三式軽爆の製作や九五式戦闘機の航続距離を延ばす設計・製作の依頼を受けた。敗戦後は中華民国の要請で技術者として残留、引き揚げは昭和二十二（一九四七）年の夏だった。その後、東京で同志数人と精密部品ミニチュア・ベアリング専業の町工場を設立、これが「ミネベア株式会社」の母体である。現在では世界十数か国に拠点を持ち、従業員五万五千人に迫るまでに成長している。

この会社は設立直後から業績は順調だったが、富永は日本航空発足にあたって松尾から誘われるといちはやく日本航空の嘱託になった。松尾は富永を中心とした整備会社を考えており、富永もまた飛行機へのつのる思いからすべてをなげうって、航空界に復帰するつもりでいた。

整備会社の設立を目前にして問題となったのが、日航の一部門でやるか、別会社でやるかである。松尾がアメリカで目にしてきたとおり、航空界では機材の発展がめざましい。

正直なところ現在の日本航空のなかで整備をおこなうことになっても、なかなか求めようとしているものを達成できない。日航には整備施設をもつ財政的余裕もない。日本人だけで自主整備をはじめるのは厳しい。これが二人の結論だった。

また、日航が所有している機数の整備では、採算のとれる自力整備もおこなえそうもないし、最初はどうしても外国の技術を導入しなければなるまい。

一方で、政界と強いつながりのあるノースウェスト航空のキング副社長も「満足な運航をするためには、どうしても自社の手で整備をしなければならない」と官民の間を説いてまわっていた。

羽田はいずれかならず東洋の中心空港となり、世界各国の飛行機がくるようになる、そうなれば、外国会社の整備もおこなえるようになるし採算がとれる企業になる、と同調した。ノースウェストなど外国資本を導入すれば、外国航空会社機の整備も受注しやすいとも思われた。

こうして昭和二十七年七月、資本金五千万円、日航とノースウェスト、トランス・オーシャンの三航空会社の共同出資で、日米合弁事業として日本航空整備株式会社（JAMCO）が設立され、自主整備がスタート台にたった。

のちに大庭哲夫は整備会社を別会社にしたことについて、つぎのように日航社内誌「おおぞら」で述べている。大庭は航空保安部で松尾の部下として働いたがほめてもらったことがなく、くさされ、おこられてばかりだったが、上司というよりは「おやじ」と思っていたこともつけ加えた。

「日航から離して整備会社をつくったことは、松尾さんの大きな業績だと思うんだ。もしも、あれが日航の中にはいっていたら、あれほどの整備力はなかったんじゃないか。日航の予算というのは、ご承知のように、政府の監督下にある予算だし、ぼくたちは整備会社を相当痛めたほうだけれども、松尾さんの力であそこまでやっていけた。『ザルのように底が抜けているぞ』といわれたぐらいに、整備会社に力をつぎ込んだ。世界一流の整備会社にしえた。あれは単独の会社にしていたからこそできたことだと思います。日航の中に入れて、日航の予算でやっていたら、あれほどのものはできあがらなかった」

最初は別会社にして、しかし、将来は日本航空と合併するという考えで、松尾と富永は一致した。ここでは当初は外資を導入するという結論となったわけである。

のちに日本航空が成長して黒字を出し、この整備会社が日本航空と合併して社内の整備部門となるのは、昭和三十八年である。創立十周年をむかえた年に柳田が海外経済協力基金総裁として転出することになり、一時は常務に格下げとなっていた松尾がこのとき社長となってからである。安全運航のためには、整備士とパイロットの人間的つながり、精神的つながりが必須で、そのためには同じ会社の一部門であったほうがいいとの考えからだった。

さて、「日本航空整備会社」の創立総会における柳田の挨拶は、「当社は東洋一の航空機整備工場になれる運命をもっている」というものだった。

九十名あまりの社員たちは叱咤激励され、まさに東洋一をめざして無我夢中で働きつづけた。このなかには日航から「ジャムコにいけ」と突然辞令を受けて、ジャムコとはなんのことやらよくわからず異動してきた社員もいた。ＪＡＭＣＯとは日整のことだった。

羽田では米軍より返還されたＰＯ－127、ＰＯ－218のふたつの格納庫を航空庁が借り上げて、同社に貸与することになった。

ＰＯ－127の入り口を入った左側の一室が事務所だった。守衛や用務員もいない、電話もない、自転車もない。事務机たった二つと作業台が雑然と置いてある殺風景な部屋だった。

格納庫にはマーチン202型が一機入っていて、木製の脚立二台というのが作業場のあらましだった。

作業服を着た人々は三十数名だった。そこに新しく事務職が二人入り、その日から「事務屋が来た」とばかり、それまで現場の社員がおこなっていた庶務的な掃除、お茶汲み、昼食の運搬、事務用品の調達などを、ことごとく任せられるようになった。

水道は格納庫入り口に一か所だけで、飲み水も手洗いもこの水道からだった。その遺物は長い間、赤錆びて残っていた。

作業終了後の手洗いは、順番待ちして済ませた。油をとる方法として、シンナーのように気の利いたものはなく、バケツに木クズを入れてその中で手を擦り、それからわずかの石鹸をつけて洗った。休憩室もなく、米軍や航空局と折衝を重ね、シャワー室、洗面所ができた時の皆の喜びようは大変なものだった。

当時は停電がよく起こった。しかし、故障場所もわからず、暗闇のなか天井に這い上がって、一本一本電線をたぐって調べ、ついには格納庫の配線図を作成した。

昼間飛んで帰ってきたマーチンを前に、ノースウェスト航空の米国人技師について講習をうけて驚いたのは、日本における航空機の整備と、アメリカ式の整備というものが、発想自体まったく別物だということだった。

日本の航空機は太平洋戦争において世界的な脅威とみられていた。つまりその性能においては評価を得ていたわけだが、こと整備に関してはいわば職人芸の世界である。

海軍整備士の証言によると、日本の航空機の整備は上司の指示や経験に頼っていた。つまり、整備という統一された技術があるわけではなかった。

ところが、米国人技術者のもとで眼にしたのは、整備の手順というものが「マニュアル」として確立されているということだった。

現在でこそマニュアルという単語は企業では一般的となったが、この時代にはそのようなものの存在はなく、「マニュアル」という単語を社内で使用するようになったのは、日本航空が嚆矢《こうし》ではないだろうか。

マニュアルにしたがって作業を進めていけば仕事は標準化され、だれが整備をしてもある定められた範囲の品質に仕上がるのである。極端にいえば、遅い速いは別として、個人の腕は関係なかった。

ノースウェストのマニュアルの扉には、つぎのような言葉があった。

〈航空機の信頼性はそれを整備した人の信頼性にある〉

アメリカで整備訓練を受けることになった社員たちは、現地のアメリカ人が想像以上に勤勉であることにも驚いた。

日本のメーカーには機械についての資料やデータはなかった。整備士たちは自分たちの技術が日本の第一歩となり、トップをきっているのだという自負をもつようになったが、問題は仕事に不可欠な整備用特殊工具がないということだった。

そのため自分の給料をさいてまでして、神田須田町にある道具屋に買いあさりにいったものである。それはまるで大工が自分の道具を買いそろえるのに似ていた。

一万円足らずの給料の半分をつぎこむ仲間もいた。自主的にやろうという熱意ばかりが燃えたぎっていた。

設備も貧弱なものだった。食堂もなく昼間はみな弁当を持参し、夜勤の場合には守衛さんから夜食が配られた。菓子パンと牛乳が一本ずつだった。

作業は大部分が屋外で、飛行機の発着のない夜間がほとんどである。風雨の夜などは懐中電灯を片手にしての作業となり、寒さで痛いほどの辛さだった。

富永は毎日のように作業服の上下姿で現場に現れた。

「君方は機械に振り回されてはいかんよ。機械を使いこなすのだよ」

富永は「君達」というのではなく、「きみがた」という言葉をよく使った。それはたいへん丁寧な響きだった。

かといって富永は温厚なだけの人柄だったのではない。

業務報告に来る者が、とくに安全性に影響するようなミスがあったときの怒り様はすごく、「きみがたは……」が、東北弁の「チミがたは……」となり、わなわなと震えながらどなった。

「現場の作業員があんなに油まみれになって一生懸命働いているのに、赤字がでるのは経営者が悪い」などと、空港関連会社の役員にずけずけと言うようなところもあった。

一方で離陸の迫った機材に故障が見つかったとき、現場にあらわれると、焦る作業員には「なにもあわてることはないよ」「落ち着いて修理してくれたまえ」と言って立ち去るのだった。作業員たちはその直後に飛行機出発遅延の時刻を知らされる。十分な修理時間が与えられたと、安堵して修理に集中できたものだった。

航空会社にとって、飛行機が予定どおりに出発できないということは、大切な客を他社にとられるばかりでなく、会社の信用にもかかわる重大なことである。それにもかかわらず、富永からは「修理を急げ」といった小言が発せられることはなかった。

みずからを「航空の富永」というほどの自負心をもち、「航空会社は事故を起こしたらおしまい」「安全運航は完璧な整備から」と、現場の詳細を見てまわるのを常とした。

社員の昇格や配置についてもみずから指示を出した。そこには基幹になる人間を慎重に選び、じっくりと焦らずに会社の基礎固めをし、それぞれが十分に自信のついたところで自主的にやらせていくという方針がつらぬかれていた。

これが功を奏して、トランス・オーシャン航空から雇い入れた数名の米国人技術者たちも意外に早い時期に解約でき、経費を節減できた。社内における提案制度もいちはやく実施し、毎月表彰をおこなうと受賞者を役員室に招いて茶話会を催し、ここでも現場の話をくみ上げた。

富永が創設に参画した「ミネベア」を数十人規模から上場企業に育てた高橋高見は、つぎのように富永について回顧している。

「とかく評価を下げた後年の日本航空で多発された事故、それも航空人としては理解に苦しむようなお粗末な不名誉な事故の数々は、少なくとも富永が整備管理の重要な立場にいたときにはまったく起きなかった現象だった」

また、同じく高橋は、伊丹空港周辺の騒音問題が起きたとき、社外の人間からみた感想を述べたことがあった。

「空港が先にできており、その周辺に一般の方がうつりすんできた、したがって騒音問題は日本航空の責任というよりも、移り住んだ人たちにも責任があるのではないか」

そのとき富永はすかさず返した。

「じつは自分自身で大阪空港周辺の民家の状況を検証してみた。その結果、あのような騒音ではいかなる過去の経過があろうとも、住民の立場としては耐えがたいものであり、日本航空としては具体的に対処しなければならない」

富永は正論をはく男だった。

第四章　ナショナル・フラッグ・キャリアとして

一人前の航空会社へ

昭和二十七（一九五二）年四月二十八日、「もく星号」の事故直後に、サンフランシスコ講和条約が発効した。日本の空はようやく日本人の手にもどってきた。各新聞も「被占領国から独立国へ踏み出す」喜びと誇りを報道している。

十月二十四日まででノースウェスト社への委託も打ち切られることになった。これで、日本航空は自前で飛行機を飛ばすことができる本格的な航空会社へ生まれ変わる。

日本航空整備会社も七月に設立がなり、羽田飛行場も返還されて「東京国際空港」となった。空港入り口の検問所には「祝　東京国際空港」の看板がかかげられた。ただし米軍との共同使用は、昭和三十三年七月に米軍が立川に移転するまでつづくことになる。

ハネダ・エアベース時代に、地元住民を強制的に立ち退かせることによって飛行場は拡張され、二一六〇メートルのA滑走路と一六五〇メートルのB滑走路ができていた。今度はこれらを二五五〇メートルと三〇〇〇メートルにそれぞれ延長する計画だった。

航空法にもとづいて、国内五路線の免許もおりた。

今後の会社の成長のために、社長の柳田は増資をしたいと走りまわった。伝手をたどって大阪へも飛び、料亭の女将にも株を買ってくれるようにと頭を下げた。東京証券取引所にも相談にいった。まだ社内では事故をひきずって「サクラ・フライト」がなされている時期である。しかし、「事故は事故。われわれは国家的見地からも増資に協力しよう」と激励された。資本金は二億となった。その結果、借金が可能となり、経営陣としては背水の陣をしいて資本金の数倍の金を借りた。

政府からは飛行機二機と部品購入のために外貨一八〇万ドル（六億四千八百万円）の許可も得られた。松尾らはアメリカに飛びＤＣ４型機二機を買った。その間に、資本金も四億がみえてきた。柳田はこの転機を「遭難者の冥助による」と考えた。

昭和二十七年九月、日航の社有一番機となるＤＣ４「高千穂号」が到着した。その数日後には同二番機「白馬号」が舞い降りた。これらはパン・アメリカン社から一機あたり三億二千万円余で購入した。

また、これまでノースウェストから借りていた「てんのう星号」を購入し、これを「十勝号」と改名した。

十月二十五日、前年国内線一番機で営業を開始してからちょうど一年がたったこの日、日本航空は自前の航空機で空を飛びはじめ、一人前の航空会社となったのである。

さらに十二月末には「榛名」「阿蘇」「穂高」が到着、日本の空の主力はいくぶん時代遅れのDC4が占めることとなった。

これより前の八月、じつは柳田は伊藤常務をともない英国に出向いたことがあった。それは新型のデ・ハビランド製ジェット旅客機コメットⅡ型を二機発注するためだった。英国航空のコメットが羽田に着いたときには、マスコミの話題をさらったものである。

新興の日本航空が外国各社に追いつくためには、レシプロ機でなくジェット機という思い切った新鋭機が必要との認識だった。

ところが入手に先立ちコメットは事故を起こし、運航が禁止された。初めての飛行機は買うべからずという、日航創業時にスカンジナビア航空の社長から受けた忠告が思い返された。契約は解除することになった。

このころ平沢秀雄はサンフランシスコに赴任することになった。昭和二十七年八月、平沢は伊藤忠商事のサンフランシスコ支店に出向となったのだった。

「サンフランシスコは、当時も今もあまり違っていない。ダウンタウンなんて全く同じ」

平沢の赴任直後に、松尾社長と児玉常務らが渡米した。コメットに替わる飛行機を購入するためである。国際線用のDC6-B二機、国内線用のDC4型一機、当面必要となる予備部品の選定購入のためだった。

「DC6-Bはアメリカの貨物専門のスリック社の中古で、四千時間使用済みのものを一機、また同社とフライング・タイガー社がダグラスに発注して製作中の機体のうちから二機を、日本航空に譲渡させる契約に成功したんですね。それらはすべて貨物用だったため、旅客用に改造しなければならなかったんだ」

さらに、大学の先輩にあたる富永も渡米し、平沢と合流した。

「まだこちらは入社直後で、大先輩とホテルで同室というので緊張したけれど、富永さんは偉そうになさるわけでもなかった。

ともかく予備部品を至急発注しなければ、DC6-Bの運航に部品が間に合わないとダグラス社が言ってきて、富永さんと一緒に、ロサンゼルス地区サンタモニカにあるダグラス本社に行きました。このとき、ダグラス社の用意したリストを参考にして、発注する予備部品の項目と数量を決め、その場で富永さんが発注しました」

日本航空のパイロット要員十一名をサンフランシスコ空港に迎えもした。彼らは、市内から一〇マイルあまりのカリフォルニア州オークランドにあるトランス・オーシャン訓練所で飛行訓練を始めた。

当時は、ダグラス社の飛行機の整備は、サンフランシスコに置かれていた。

その後、機体や発動機の担当である平沢は、同訓練所で航空士の資格を取った藤井正男とともに、三機の電子装備関係の現場に立ちあうことになった。

ロサンゼルスのリトル・トウキョウの都ホテルに陣取り、工場のあるバーバンクやサンタモニカ、その他の部品メーカーを回った。これらの改造三機は、国際線用として「City of Tokyo」など、都市の名前がつけられ、翌年九月から十一月にかけて納入されることになる。

創業当時から目標は国際線進出である。国内の幹線はこれまで同様飛ぶものの、東京＝サンフランシスコ間、また米国占領下の那覇＝東京を結ぶ運航免許の申請をした。

国内でもあらたな航空会社創立の気運が胎動し、年末には「日本ヘリコプター輸送株式会社」が設立された。通称「ニッペリ」は、元朝日新聞編集局長、同航空部次長らが中心になって起こした民間航空会社である。

そもそも新聞社と飛行機の関係は明治末期からはじまっている。新聞社は最新のメディアであり、最大の娯楽情報産業だった。各社はその影響力と資本力によって競い合ってイヴェントを催し、部数拡大をはかろうとしていた。飛行機は時代を先取りする象徴として、新聞社が目をつけた。

この二人は在社時代の体験から飛行機の魅力にとりつかれたのだろう。この年に資本金一億五千万円で、ヘリコプター会社を設立することにした。役員十二人、従業員十六名でのスタートだった。日ペリはのちにはDC3なども使って国内ローカル線を飛ぶようになるが、経営は厳しく「現在窮乏将来有望」をモットーに一致団結して、全員が猛烈社員と化して二役以上の働きをしたといわれている。営業活動はヘリコプターによる全国宣伝飛行をおこない、度肝をぬくPRで注目を集めた。

昭和三十二年には決算で黒字となり、行政指導により関西の「極東航空」と合併することになる。この新会社が、いまや日本航空を逆転したといわれる「全日本空輸」の前身である。空港で便名が記されるとき、全日空のコードがNHなのは、この「日本ヘリコプター輸送」の頭文字を使っていた時代の名残だ。

さて、年が明けると、日本航空のほうは国際線開設にむけて本格的な動きをみせることになる。

昭和二十八年二月にはスチュワーデス三期生として初めて新卒十三名を採用した。また夏には、スチュワーデス四期生を採用した。最初から国際線を飛ぶと銘打たれての募集だった。会社のほうからは、一期生の伊丹政子の出身校である聖心女子にも募集がかかった。

スチュワーデス四期生だった岩渕隆子(旧姓小幡)と待ち合わせたレストランに入るや、人で込み合っていたのに、すぐに彼女の華やいだ雰囲気から日本航空の大先輩だとわかった。大きな凝ったイヤリングをしている岩渕は、「化粧をしなければ、ただのおばあさんよ」と笑うが、口調からもエネルギーに満ちあふれた女性であることがわかる。

隆子は昭和七年東京生まれ。日本航空で五年間勤務したあと、日本代表サッカー選手と結婚、子育てが一段落した四十代後半から八年間、目黒区議会議員をつとめた。その後は人材派遣会社を創立、全国異業種交流会の会長もつとめ、講演のために全国を行脚する日々もあった。

隆子がうけた七月の一次試験の面接には、二十人の募集に二百人ほどが応募したという。

隆子は大学に行きたくてしかたがなかったが、父の反対でそれはかなわず、ＹＭＣＡに通っているときに日本航空の国際線スチュワーデスに応募した。このときには母も、もく星号の事故のあとだったから、「死ににいくような仕事はさせられない」と反対した。一方、父は「どうせ試験に落ちるから勝手にさせとけよ」と隆子の前では言った。

こうして隆子は試験を受けることになったのだが、面接で一歩前に進んで問われて驚いた。

「ご家族の反対があるのに、なぜ受けにきたのですか」

〈父が手をまわしている！〉

隆子の父は逓信省で局長をつとめ、このときには日本通運の副社長だった。しかし、隆子は高校時代演劇部で活躍して舞台なれもしており、度胸がすわっていた。

「初めは反対しておりましたが、わたしの熱意にほだされまして、本日は参りました」

人事部の社員は驚いた口調で「お許しになられたのですか」と高い声を出した。

一次試験は通過し、二次試験の筆記、三次試験の英会話面接もパスした。そのあと重役面接があり、慈恵医大で身体検査や適正検査がおこなわれ、それに合格したあとでさらにもう一度重役面接があった。なんとも大変な入社試験だった。

「二十人の募集だったけれど、結局採用されたのは十七人。一人すごく英語のできる人がいました。わたしたちが入社したとき、一期生はもう六人だけ。二期生はもともと五人くらいのところが二人、三期生が十人くらい残っていました。

JALでは一期違うと先輩後輩がたいへんだったのだけれど、このころは先輩後輩の区別があまりなかった。一期生の伊丹さんは、大阪の伊丹空港のコードがJAMIだったために愛称がジャミで、後輩のわたしですらジャミと呼んでいたくらいでした。

JALはのちに、子会社がつぎつぎにできて、放漫経営と騒がれた時代があったけれど、あのころは放漫どころではなく、この会社をどうしたらやっていけるのだろうというような毎日。採用には容姿端麗という条件はあったけど、私が見る限り、これがスチュワーデスと思うほど美しい人は一人だけ。採用の基準は愛嬌だったのではないかしら。独身の可愛い女性のサービスをセールス・ポイントにして、鶴丸を世界の空にという戦略だったとおもうの。課長からはいつもお客様は神様です、と教えられました」

一期生の伊丹も、このころは日本の大和撫子の良さをみせて、パン・アメリカンから客を全部とってくれという教育だった、と述べている。

「創業から操縦席は外国人で、日本人パイロットはパーサーだったでしょう。だからいったん飛行機のドアを閉めたら、もうどうしようもない、戦争のつづきだったんです。アメリカに負けるな、というね。だから、パーサーがキャプテンになるように応援しなくちゃ、という気持は強かったし、日本人パイロットの悔しさや苦労もみてきている。あのころの運航乗員と客室乗務員は仲がよかったですね」

このとき同時に、国際線の厨房を担当する男性スチュワード一期生が採用され、ほどなく訓練が開始された。

国際線については、ふたたび日本航空、大阪商船系の「日本国際航空」、「飯野海運」の三社が免許を願い出てシノギをけずった。

結果として、国内線で実績を積んできた日本航空が唯一、国際線を飛ばすことができることに決定された。資本金も六月に十億まで積み上げた。

とはいっても、外国から機を購入するのに、日本航空は巨額の出費をしている。

今後、国際線に参入、拡張するにあたって、単なる私企業であっていいのか。外国他社の政府出資率をみると、英国航空一〇〇パーセント、エール・フランス八五パーセント、KLMオランダ航空一〇〇パーセントという企業もある。

政府内部でも日本航空のありかたについての議論が活発になってきた。航空は外貨獲得の手段にもなり、航空行政の必要性を認める時代に突入していたのである。単なる私企業であっていいのか、と首脳陣も考えた。再び藤山会長が奔走した。

航空審議会は国が援助育成する方策をとるべきであるとの答申を出し、国際線は私企業にゆだねるよりは、法律にもとづいて設立される特殊法人に独占的に運営させるべきであるとした。

国際線を念頭にした「日本航空株式会社法」が八月一日、国会で成立したのである。日本航空は「営業の全部」を新会社に出資することを条件として、東京＝サンフランシスコ及び東京＝那覇の定期路線運営の免許を取得した。新会社は従業員、施設をはじめ、旧会社の権利義務の一切を継承することになった。

また八月四日には、初めて日本人パイロット一名がDC4の副操縦士の資格を取得したというニュースがもたらされた。法的に自主運航が許可されても、日本人の機長と副操縦士がすぐに誕生ということにはならず、飛行時間七、八千時間というベテランも、アメリカ式の飛行方法を勉強し、国家試験と実地試験に合格しなければならなかった。だから必要な乗員三十名は高給の米国人操縦士を雇わねばならない。

国際線を飛ぶことになるDC6－B型一番機が到着したのが九月である。

これまで「星の名前をつけたから落ちた」などともささやかれたので、この飛行機には「City of Tokyo」との名がつけられた。同じくDC6－B型の「City of Nara」「City of Kyoto」、その後「City of Osaka」「City of Nagoya」もくわわる。

国際線一番機が到着した九月十五日は、松尾にとって日本航空創設以来、もっとも感激した忘れられない日となった。

JALの文字も輝かしく、尾翼にはくっきりと日の丸をつけ、DC6－B型機が羽田上空にあらわれた。そばにいる柳田も言葉はなくとも思いは同じであることが、松尾にはわかっていた。

これでいよいよ太平洋の定期路線が開ける。世界の航空界はすでにジェット旅客機の時代にむかって歩みはじめていたが、日本航空はレシプロ機でそれに挑むわけである。

ふたりは手をしっかりとにぎりあったたまま、その飛行機を眼で追いつづけた。

昭和二十八年十月一日、純粋に民営だった旧日本航空株式会社は解散となり、「日航法」にもとづいて国内幹線ならびに国際線定期航空事業を運営する特殊法人として「日本航空株式会社」が誕生した。

新しい日航は政府出資が十億、民間出資が十億の、国策の遂行に資する公益的性格をもった半官半民の会社となった。補助金などの支給、社債発行については、国会の議決を条件に政府保証される一方で、定款の変更や合併解散には政府認可が必要とされ、事業計画、収支決算の提出などが義務化、営業方針が政府の施策と遊離しないよう政府による監督もなされるようになった。

つまり航空事業の発展は国家的重要事項として、必要と予想される巨額の資金を政府と民間から導入できるようにしたともいえる。その運営には国家的見地と公共性をもたせ、同時に民間の創意工夫と積極性をいかし、「お役所仕事」的にならない経営と同時に、その反面で利益追求にのみ走ることを規制することになった。

これに対して、一部の株主は「政府のやり方は会社の乗っ取りである」として、総会が大もめにもめた。日航法によると、会長と社長は、のちには副社長も政府が任命し、そのほかの重役の選任は政府の許可を要するということになっていた。

半官半民の会社で、国際的な営利事業をするのは日航が日本では初めてである。

柳田は、「人事が社員の仕事に対する意欲を減退させるようであってはならない。社員の一人ひとりに本当の熱意がなければ事業はのびないばかりでなく、たちまちに落伍者となる危険が多い」とこのときに感じていた。

政府は藤山の退任を迫ってきた。政府が出資する以上、専任の会長でなければならぬという言い分だった。日航法のために、会長は三井物産相談役・原邦造となり、柳田社長、松尾専務コンビはそのままで再発足となった。ここまで民間航空の再開に打ち込んできた藤山の解任に、柳田、森村、松尾らが反発したが、日本航空のためと、藤山は泣く泣く退任した。親友の森村は、このときはじめて藤山の泣き顔をみたという。

さて、社長の柳田は苛立ちがつのりつつあった。国際線へ向けて新会社となったのに、アメリカ側に提出した国際線の認可がおりない。いつまでじらされるのか。日本は独立したというのに、まだ敗戦国あつかいされるのか。まだ一人前の国家としてみとめてもらえてないのか。焦りは頂点に達した。

そもそも国際線というのは、どこの国でも航空協定にもとづいて運営されるものだが、日米航空協定では日本が敗戦国であるために不平等にならざるをえない。アメリカからは日本に飛行機が飛来しているのに、日本からアメリカに飛んでいくことがなかなか認めてもらえないというわけである。

日銀出身の柳田が日本航空の社長をひきうけた意味は、ひとつには資金調達の面で自分の国際金融の経験が役にたつと考えたことにある。もうひとつには、日本航空の発展がそのまま日本国の国際的進出につながる大事業だと思ったからである。

社長になって以降、柳田は英文のレポートをつくり、会社の実態をすべて包み隠さず国際金融筋にも明らかにしてきた。航空機調達の場合などに、国力不足のために国内で資金調達が不可能だとしても、海外から融資をうけられるようにとの下準備だった。

とうとう柳田はアメリカからの回答を待たずに、先に運航開始予定を公表することに踏みきった。

〈日本航空は、昭和二十九年二月二日より、東京＝サンフランシスコ線、週二便往復を開始する〉

するとこ、今度はたちまちのうちに米国側の認可がおりた。

この時点における日米の航空協定は以下のようなものである。

〈日本側路線〉

1　日本＝中部太平洋の地点＝ホノルルおよび
　a　ロサンゼルスおよび以遠南米へ
　b　サンフランシスコおよび南米をのぞく地点へ
2　日本＝北太平洋およびカナダの地点＝シアトル
3　日本＝沖縄＝以遠

〈米国側路線〉

1　合衆国＝カナダ＝アラスカ＝千島列島＝東京＝以遠
2　合衆国＝中部太平洋の地点＝東京＝以遠
3　沖縄＝東京

これを見ると、日本側がアメリカから南米まで、あるいはカナダなどを経由してシアトルまでと制限されているのに対して、アメリカ側は東京を通過して無制限に路線を延ばせることができるような協定となっている。

これはきわめて不平等とおもわれたが、まずはこれを呑むしかあるまい。

柳田と松尾は、将来に協定改定という課題をもちこすことにした。やはり国際線ともなると、国家の力を借りなければ解決しない問題がでてくる。占領は終わったとはいえ、まだ対等の立場で渡り合えない時代だった。

海外では営業所が開設されはじめていた。シカゴではTWAビルのなかに仮オフィスができた。ニューヨークは五番街五十八丁目のチョコレート店の二階だった。

このころ宣伝課に移っていた鷹司信兼は、カレンダーの制作を命じられている。これがのちにスイスの世界カレンダー展で入賞した日本航空のARTカレンダーである。日本の貴重な美術品が解説とともに紹介されている。

「会社の設立当時は、厚ボール紙板のスタンドでしたが、これだと反り返ったりしていたのです。いよいよ国際線がはじまるというので、本格的なカレンダーを作ろうということになりました。そのころパン・アメリカンやノースウェストは、みな目的地の写真をつかってPRをしていた。ところがわが社は、東京、那覇、ホノルル、サンフランシスコの四か所。これでは勝負にならないと無い知恵をしぼった。国際航空郵便小包の最低重量五〇〇グラム以内というのも重要な項目で、稟議書を書きました。日本を印象づけ、外国人に受けるもの、品格のあるもの、そうおもって、日本の古美術品をテーマとしようと決めたのです」

日本の美術品の図柄には季節があり、カレンダーにふさわしかった。

国宝級の美術品については国立博物館の協力を得ることができたが、思わぬ困難がつきまとった。写真撮影では、白手袋をはめた学芸員が出し入れし、もちろん動かすときもいちいちお願いしなければならない。仁清の壺の撮影にはフラッシュの反射で手間取った。それでもなんとか完成させた。この第一号「古美術カレンダー」は一千二百部が刷られた。経費は原価一部七百六十円である。

「当時お客さまに無料でさしあげていたライターが四、五百円だったから、お前はなんでそんな高いものをつくるんだ、と言われました。社内でただ一人安いといってくださったのが、取締役経理部長の早川健次さん。経理部は何でも高いというとおもっていたけど、お金の価値がわかっている人が安いというので、僕はすっかり嬉しくなってしまってね。このカレンダーは当たりました」

この第一号は国際線就航前につくることができた。新丸ビルから中央郵便局まで、鷹司は営業所から借りたスクーターに乗せて「ネズミがものを引くようにして」運んで海外営業所宛におくった。印刷所では、いいカレンダーだと裁断屋が指定部数以外はもっていってしまう、とのことだった。販売担当の社員が配ったはずの旅行会社にいくと、それが飾られていない。訊くと、立派なので社長が自宅へもっていってしまった、などとも耳にはいってきた。

専務の松尾からは「貴重なものだから無駄に配るなよ」といわれた。だから重役たちから請われても一部か二部とさせてもらった。

嬉しいことに、米州営業部長松村信雄からの要請によって、まもなく八百部が追加製作された。

アメリカでは旅行会社でこれを見た客が欲しいといって、五ドルを直接、送りつけてくるから会計係が困っているのだという。まさかお金をもらうわけにはいかない、というのが就航を始める前の日航の姿勢だった。

「七百六十円でつくったものが、当時のレートで千八百円に見立ててもらえたことがともかく嬉しかった」

それはスイスで賞をとったときよりも、嬉しかったと鷹司はいう。

そして、このカレンダーは翌年もまたつくることになり、その後、六十年ほどにわたって発行されつづけることになる。

中学教諭からCIE図書館を経て

さて、国際線開設に伴って、千歳空港所属であったにもかかわらず、国際線パーサーの試験を受けることになったのは、真鍋武男である。

真鍋家は、そもそも高松藩の医師の家系だったが、父が現・東京工業大学を出た工学士で、藤山愛一郎の経営していた大日本精糖に勤務した関係で転勤が多かった。武男が三歳のときに父は帯広の工場長となり、武男は帯広で中学に進むことになった。

「旧制帯広中学では、戦争中なのに禁止されていた英語の授業が、週に七時間もありました。地方都市だったから、平気でそういうことが行われていたのでしょうね」

武男は理科系を目指し、旧制秋田鉱山専門学校燃料化学科に進んだ。高校教諭の免許も取得していたため、戦後は帯広で教鞭をとるが、このとき教えたのは理科ではなく英語だった。英語を教える教師が誰もいなかったためである。

その後、占領下の札幌で叔父が米軍政部顧問をしていた関係で、同軍が接収していた札幌グランドホテルに勤務、さらに語学に磨きをかけることになった。叔父は現在でいう東京外国語大学卒業で、ユニヴァーサル映画に勤務し、南米にも住んでいたことがあった。

真鍋は、さらに札幌駅前にあったCIE図書館に「翻訳者」として勤めることになった。ここでプエルトリコ出身のGIと親交が芽生え、スペイン語も話すようになった。将来について思いめぐらしていたが、二十八年二月、日本航空札幌支所の社員募集に応募した。

「私を面接したのは、東大出身の山崎山さんでした。私の履歴書を見ると、山崎さんは技術部に行かんか、と言った。私が燃料化学を専攻したからだったけれど、航空会社で燃料となったら、研究職ではなく、燃料調達の係になってしまうでしょう。それは嫌だったから、もう燃料のことは忘れました、と返した」

こうして、真鍋は千歳空港勤務となった。

「東京＝札幌は日に一便で、採用が決まった二月から二便となっていた。そして三沢に月曜と金曜は定期便で寄航するようになりました。当時米軍の千歳勤務の幹部クラスは、三沢基地に家族を住まわせていて、僕は英語ができるというので、もっぱら彼らのアテンドをやらされていた。お客様も半分は米軍関係者でした。ところが、七月のある日、支店長に呼ばれて……」

パーサーにならないか、という話が持ちかけられたのである。

「常識的に、僕は乗務員となるには、眼が良くないといけないと思っていて、無理です、と答えた」

真鍋は乱視があったのである。しかし、試験の前日に、業務命令で東京に行けと言わ

ユナイテッド航空アトウッド女史による非常訓練を受ける一期生パーサー

れた。

　パーサー試験は全国から一般募集されており、大勢の若い男性が集まっていた。真鍋は当然、落ちたと思い、江ノ島見物に出かけているところに合格の通知が来た。

「一週間で荷物をまとめて上京しろとのことで、駒込あたりにあった会社の寮に入りました。それも二人一部屋でしたが、飛ぶようになると、二人が一緒になることはほとんどなかったですね」

　採用されたのは十名で、そのうち四人は社内の人間だった。

「社外から採用された人たちは、外国の航空会社に勤務していたような人たちだった」

　八月から研修が始まり、新橋の本社三階の屋根裏で座学が始められた。冷房はもちろんなく、空気がこもり暑くてたまらなかった。慈恵医大や帝国ホテルなどでも研修が行われ、非常訓練はユナイテッド航空のアトウッド女史から教わった。

忘れられないのは、会社から、「君たちはスチュワーデスと仕事をするけど、仲良くなってはいけない、と言われたこと」だった。

当時は国会議員の姪や名門の家柄のスチュワーデスが多かったためだという。

「僕は守りましたけれどね」

と真鍋は笑う。彼は、私の故郷である茨城県下館にルーツを持つペルーの日系二世の女性と結婚することになる。それも南米にもいた叔父の関係から知り合った。

「この時代は、職種に関係なく、地上職や支店の社員との付き合いもありました。職種もいろいろ変わってね」

真鍋はパーサーの後は、客室乗務員査察兼教官、太平洋線・欧州線ラインチーフ、国際旅客係長、アンカレッジ空港支店マネージャーを務めた。社内でスペイン語が堪能と知られるようになると、新規開設のブエノスアイレス支店へ赴任が命じられ、支店長を務めたあとは、ほぼ十年ぶりに東京空港支店首席支店長代理に任じられた。職種を縦横に行き来する社歴の典型となったのだった。

国際線第一便

さて昭和二十九（一九五四）年二月、DC6－Bにより東京＝サンフランシスコ線、週二往復がいよいよはじまった。

二月二日に東京羽田を出発するのは、尾翼に日の丸をつけた四発のプロペラ機「City of Tokyo」だった。

乗客用の待合室は、国内線ターミナルの一階となっていた。犬小屋時代には考えられなかったこの待合室の広い壁には、宣伝課の依頼で東郷青児が描いた絵が飾られていた。四人の女性がすわっているこの縦二メートル、幅五メートルほどの絵のモデルには、入社したばかりの三期のスチュワーデスが選ばれた。青と白を基調にした東郷青児の絵画は、待合室の雰囲気を匂い立つものにしていた。

飛行機の周辺で華やかな式典がはじまった。一方で、機内では乗務員が食事サービスのための準備におわれ、寒風吹く飛行機の周辺では、整備士たちが完璧な整備をめざして最後の点検をおこなっていた。

客の搭乗が終わって、郵政相が航空郵便の初荷を乗務員に渡す。

飛行機のドアが閉まり、ステップが外された。

原日航会長が車輪止めをはずし、最後に運輸相が出発合図の日の丸を振る。

地上の整備士が操縦席の機長に向かって、左手の指を三本立て右手の指をくるくるとまわす。やがてプロペラはまわりはじめ、プルプルと静かな音でエンジンがかかる。

定刻九時三十分きっかりだった。定時性は、国際線で世界から出遅れた日航が乗客の信頼を得ていく理由のひとつになる。また、中古のプロペラ機であるDC6-Bたちもよく働いた。

　ライバルのボーイング社のストラトクルーザーは話題性があったが故障が多く、DC6-Bが信頼性にまさった。プロペラ機として頂点をきわめたこの傑作機は、初期の日本航空の経営を支えていく。空運界の常識を破る国際線黒字経営を実現させたのが、このDC6-Bだった。

国際線第一便出発を前に挨拶する東京支店長

　ときたまパカンと人間のくしゃみのようにバックファイアが起こって、消火器をもった整備士がちょっと緊張するが大事ではない。

　自動化が進んだ現代とちがって、エンジン始動の操作ひとつにも、まだパイロットや機関士の腕がものをいった時代である。

　国際線第一便に乗務したスチュワードの神田茂は、「機内サービスでは絶対にほかの航空会社に負けない」と気負っていたことを思い出す。実際のところ、機内サービスが初期の日本航空では、唯一、最大のセールス・ポイントだったのである。これこそ奇跡の飛躍の鍵となった。

機内食はドサリとまとめて積み込まれ、乗務員が一人分ずつ皿にとりわけてサービスすることになっている。

東京＝ウェーキ島間では、ディナーにスモーク・サーモンがあって、ドレッシングがついていた。ところが乗客の一人がこれをコーヒーのクリームと間違えて、ドレッシング入りコーヒーを飲んでしまった。「JALのコーヒーは変な味がする」と、お叱りを受けたことを安藤義次は忘れていない。

途中北太平洋にあるウェーキ島に着陸する。ここで給油するため、羽田からハワイまでの所要時間は十八時間余り。そして羽田からサンフランシスコまで三十一時間かかった。

第一便をむかえるホノルルでは、初代ホノルル支店長野原克也以下、社員たちが歓迎の宴を用意していた。

日の丸をつけたDC6‐Bの勇姿が空に浮かび、日本の飛行機が初めて着陸した。ハワイアン・バンドがくりだし、フラダンサーが踊りはじめていた。ステップの下にはレッドカーペットが敷かれ、州知事や著名人などが集まっていた。ホノルル在住の日系人たちもこの日を待ちわびていた。

竹田悠子はこの第一便に乗務している。すでに一月には、同期の佐々木喜久子、荒木佐登子らと先にハワイに滞在し、宣伝のためにさまざまな取材を受けた。

「ハワイはまったくお伽の国といった感じだわね」

「体内の血まで新鮮になりそうだわ」

そんな同期同士の会話がそのまま地元の新聞に掲載された。

ハワイといえばワイキキだが、彼女たちは水着をもってきてはいなかった。むしろ会社からは、慣れない土地だから健康に注意するようにといわれていた。

竹田悠子は国際線のたいへんさについて次のように述べている。

「当時は座席が決まっていませんから、搭乗がはじまると、お客さまは後ろへ走っていかれました。飛行時間が長いでしょう。今のようにイヤホーンやビデオがあるわけではないし、退屈なさるから飛行中は外の景色でも見るしかなく、そうなると翼が邪魔にならない後ろの席がベストなのです。走っていかれるお客さまを制止するのがたいへんでした。というのは、飛行機はバランスを大切にするから、乗務員は飛行機のウエイト・アンド・バランス・シートを持たせられていたのです。お客を前に乗せるように地上職員にはいわれていました。水平飛行になったらおつれします、といっても、君、生意気だ、などといわれることもありました」

サンフランシスコでは、高らかなファンファーレが鳴らされた。当時、空港オフィスは、貨物倉庫の片隅にあるカマボコ兵舎風の建物で、やはり冷暖房も水道もトイレもなかった。

座席はファースト・クラスのみで三十六席だった。

第一便は乗客が二十一人だったが、招待客が占め有料の客はたった五名だった。当時、サンフランシスコまでの片道運賃は六五〇ドル、二十三万四千円という高額運賃である。これは当時の公務員初任給の二十六倍強にあたる。

海外渡航が自由化される前の一ドル三百六十円時代、国際線に乗る日本人はごくごく限られた人々だった。公用で外地に出張する人、商社マンやフルブライトなどの援助資金で留学する学生、外地にいる親戚や知人に滞在費を全額支給してもらった人など、特別な場合の乗り物だった。

アメリカと日本の文化レベルにも、雲泥の差があった。

真鍋はファースト・クラスのラウンジで聞いた話に驚いたことがある。

「DC6‐Bで飛んでいた頃のこと、一流大学の教授とおしゃべりしたことがあって、『僕は失敗したよ』とおっしゃる。なんでも帰国の一か月前に、偶然スーパーマーケットで知り合いに会ったら、『ペット飼っているのか』と尋ねられたらしい。教授は、犬の顔の描いてあった缶詰を買おうとしていた。日本ではペット用の缶詰などない時代だった。彼は、『犬も喜ぶような缶詰と理解して二年間食べていた』というんですよ。美味しかったといってらっしゃっていたけれど、まさか、だよね」

第二便は予約客がなんとゼロだった。そのため空港ロビーで社員がお願いして搭乗していただいたのが、赤ちゃん連れの米国人女性で、料金は一人と半分である。当然のことながら、フライトの間中、乗務員はこの貴重な乗客にできる限りもてなした。

第三便でやっと十二人という具合で、国際線開設当初は「十五人も乗ってもらった」などと語り合っては一喜一憂したものだった。国際線のセールスは、一人ひとりの顧客に働きかけて日本航空を利用してもらうという方法だったたし、旅行代理店は羽田まで車で送るのが慣例の時代だった。

国際線のサービスはきわめて煩雑だったと、小幡隆子はきのうのことのように語る。

「東京を発つとディナーとなるわけですが、そのときに着物に着替えて、にぎり寿司をサービスするのです。帯は造り帯でしたけれど、着物は普通の着物でおはしょりは自分でつくりましたね。お客さまに選んでいただくこのお寿司サービスがたいへんでした。また、途中ウェーキ島で給油する間、お客さまを誘導して降りていただかなくてはならないの」

レシプロ機時代は必ずウェーキ島での給油が必要だった。その間乗客たちはなにをするのか。

「ウェーキ島では朝食をめしあがっていただきます。飛行場しかないようなその島ではフィリピン人が働いていて、アルミニウムのお皿で目玉焼きとパンを出してくれる。目玉焼きの味付けにはお醬油を使っていた時代だけれど、当初はお醬油もなし。バラック

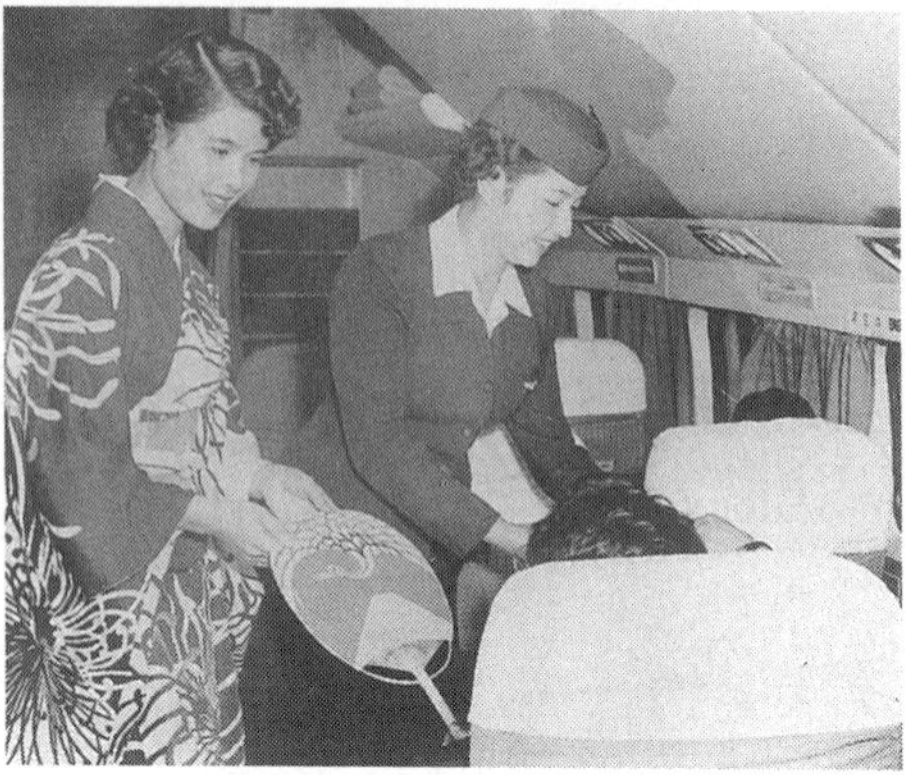

初の日本調 DC6-B 機内サービス（着物姿は竹田悠子）

みたいな場所で約二時間、乗っている方はいわばVIP。わたしたちも一緒に食べるのですけれど、現代だったらだれも食べられないようなお食事だわね。こうしてウェーキ島を発って、ホノルルに到着したときには、『いらっしゃいませといった同じ女か』と言われるほど疲れ果てていたわ」

羽田にはすでに十一社が乗り入れていた。とくに太平洋路線は激戦で、パン・アメリカン航空のドル箱であり、週六便も飛ばしていた。

ほかの航空会社も増便計画をすすめているなか、日航としても黒字の予想もたたないうちから奮起し、つぎに開設できた沖縄線を香港まで延長することにもした。この国際線開設元年は、どうにか一万人の乗客を運べた。

真鍋武男と平沢秀雄は、サンフランシスコで面識を得ることになる。

飛行機が到着すると、乗務員と駐在員との交流が生まれた。皆が一緒に食事をしたりすることもあれば、気のあった同士で観光をしたり、テニスをしたりした。

「僕はもっぱらテニスばっかり」と平沢が言えば、真鍋のほうは「補給部で調達のために駐在していた丸茂照義さんと音楽の趣味が合ったので、よくクラシック・コンサートに行きましたよ」

平沢のほうは、

「国際線ができて、僕のワイフが飛んできたんですよ」

平沢は、サンフランシスコでスチュワーデス一期生の荒木佐登子と出会う。荒木は聖心女子大学国文科を卒業して、スチュワーデス一期生として最初に選ばれた五人のうちの一人だった。

「みんなで食事したり、二人だけで遊びに行ったこともあった。また来たら連絡してくれとね。当時は最初、週二便だったから、スチュワーデスは一週間くらいサンフランシスコに滞在した。ドライブをしたこともあった。きっと、陰では色々言われていただろうけどね」

私が平沢から話を聞いたとき、すでに妻佐登子は他界していたが、出会いを語るときの平沢は、青年のような恥じらいを浮かべた表情をする。

「僕らが、社内結婚の第一号になったんですよ」

一方、真鍋は、国際線開設当時の勤務について思いを馳せると、必ず激務だったことを思い出す。

「本当によく働きました。東京＝香港が七時間くらいかかったが、夜出て朝着いて、そのまま東京へ折り返しということもあった。ホノルル＝サンフランシスコを飛んで、サンフランシスコからまたホノルルに折り返しということもあって。そのときは、げっそりと痩せましたね。後で規定はできたけれど、月に百十八時間ということもあった」

国際線が飛ぶようになると、シカゴ営業所は靴屋のビルから移った。引っ越しのときには全財産と全所員が一台のエレベーターにのるほどの所帯だった。ニューヨーク営業所もチョコレート店から、太平洋線の開始にそなえて宣伝効果の高い市の中心にあるロックフェラーセンターへ移る。

日本航空の営業所は、海外旅行をする日本人にとっては憩いの場所であり、かけこみ寺でもあった。どこかいいレストランはないか。困ったことがあると日本航空の営業所を訪ねにくる。パスポートをなくしたときもまずはＪＡＬに来る。大使館、公使館がわりだった。

日本航空はナショナル・フラッグ・キャリアとして国民に愛されていた。

コンプリート・オーバーホール

さて、日本航空が国際線で成績を伸ばした背後には、定時性が守られていたこと、つまり、整備が完璧になされる技術が確立されていたことが大きい。

後発の日本航空は、整備においても米国からは遅れていたことはすでに記した。その評価を一挙にくつがえす事態となったのが、昭和二十九（一九五四）年におこなわれたコンプリート・オーバーホールだった。コンプリート・オーバーホールとは、機体をすべて分解し、細かい部品にいたるまで検査をおこなってのち完璧に再組立てすることである。

前年、DC4型機の一万一千時間のコンプリート・オーバーホール、エンジン・オーバーホールを学ぶために、整備員たちがカリフォルニア州オークランドに派遣された。アメリカのやり方をなんとしても学んで帰国せねばならなかった。当時の出張手当はわずかであり、週払いのモーテルに泊まって宿泊費を節約しながら、技術を習得しようという思いに燃えていた。

アメリカ人技術者が教えてくれないところは、写真を盗み撮りした。

パン・アメリカンのエンジン・ショップでは、メーカーのマニュアルと別にユーザーとしてのマニュアルができていた。それは社外秘だったが、彼らの熱意にほだされた知りあいが、コピーを渡してくれた。

航空機の発達は当時から日進月歩であった。整備技術員たちは、毎日の整備を完璧におこなうと同時に、新知識を吸収し、戦後の空白を埋めて日本の航空界を世界の水準にひきあげるために、高度の技術を要求されていた。

昭和二十九年二月、わが国最初の大型機完全オーバーホールがおこなわれることになった。それはDC4型「十勝号」を対象とするもので、その徹底ぶりは立ちあった米国人技術者をも驚かせた。

外せるものはすべて外し、機体は完全にカラである。果してこれを本当に元に戻せるだろうか。見ているだれもがそう思った。

寒い庫外でおこなわれた洗浄や塗装剝がしなどの作業では、さまざまな除去剤が飛び散った。その飛沫を浴びながらの作業は、全工程中もっとも苦しいものだった。

現在のように、設備そのほかが整っている状況では考えられないような困難がいたるところにあった。

配線は、飛行機の天井裏、床下などにおよぶ百本のラインを束ねていく難作業だった。誤りなく一本一本を慎重にとりあつかうため、重要部分は集中力が高まる、人のいない静まり返った夜間に実施された。残業も月百時間を超える勤務だった。

組立工程では、ボルトのトルク値が規定されており、つまり、ねじりの強さがそれぞれ異なっている。経験や勘による整備とは大いにちがったものだった。

約三か月半のちに、「十勝号」は新しく生まれ変わった。これは米国での二倍以上の時間をかけたものだったが、このような徹底した分解と再組立てをおこなったことで、飛行機を細部まで理解することができた。この成功は、日航整備の近代化を前進させる大いなる一歩となったのである。

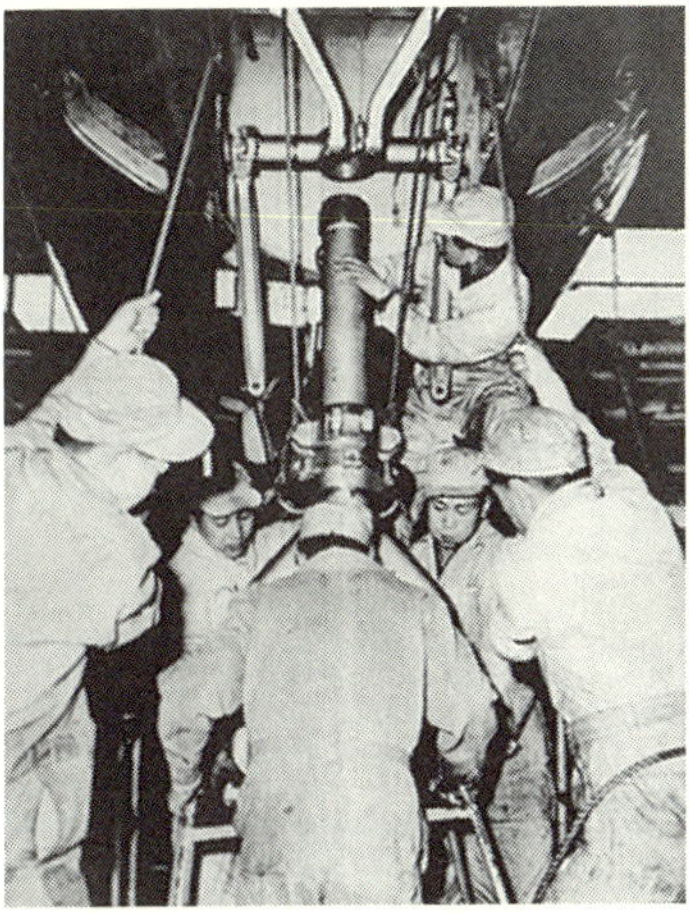

日本初のコンプリート・オーバーホール

昭和三十年には、もう使えないと思われるほど大破したDC4型機を新品同様に修理復元し、日航整備の実力を世界に誇示することができた。

飛行機はノースウェスト所属のもので、羽田を離陸する際に滑走路でバウンドして主翼を大破していた。この事故機は再起不能とみなされて、空港の片隅で浜風にさらされながら放置されていたのだった。

それを米国人の部品ディーラーが買い取って、日航整備に修理を依頼したのである。

主翼の破損部を切り捨て、ほかの機体の同じ部分を継ぎ足すという大手術である。世界的にみても、米国にたった三例という稀にみる難しい修理だった。

米国人技師の指導はあるにせよ、実働部隊は日航整備陣である。日航整備の技術力がいかばかりのものか、国内はもちろん欧米各国の航空業界でも、その成否は注目されていた。

作業から四か月で、米連邦航空局（FAA）の耐空証明が得られた。試験飛行では激しい連続失速試験が課せられるが、それにも耐え、その後も翼には異常は発見されず、完全な修理がなされたとの判定が下された。これは共同通信から英文になって海外にも配信された。

この日航整備があってこそ、日本航空の安全も守られたわけである。

そこにはやはり富永の存在が大きかったと思われる。

日整ができて六年後、昭和三十三年になっても、富永は一人で職場を巡回していた。那覇＝香港線はさらにバンコクまで延長され、DC4十一機のほか、最後のレシプロ機DC7も就航しはじめていた。この年は未知のジェット・エンジンの受け入れが予定されたために人員をふやし、機械課だけでも二百三十人を数えるようになっていた。当時課長だった松田政之助は、そのために機械課の事務所を二階の空室に移した。これを知った富永は怒りを爆発させた。

「課長や係長は現場から離れてはいけない」

「作業場が手狭になったので」

弁明すると富永はたたみかけた。

「事務をとるとき以外は、現場にいるようにしなさい」

新設の溶接工場にも足をとめ、排気管やキャビンヒーターなどの修理について質問したりした。溶接は航空機の整備においては新技術で、新しく受け入れるジェット・エンジンの修理には必要欠くべからざるものだったので、特に関心をもっていたのだろう。

壁一枚へだてたメインテナンスビルでは空調も完備され、八月でも汗をかかないというのに、この溶接工場には空調設備はなかった。猛烈な暑さのなかで整備士たちは塩をなめて作業をしたものだった。

そのうえ溶接のための騒音と塵埃で環境が悪く、もっとも嫌われた職場である。人間がこれほどたいへんな環境におかれているというのに、メインテナンスビルの倉庫のなかにある耐熱部品は空調の恩恵に浴していた。

この冷気をなんとか溶接工場のほうにまわすことはできないのか。現場の整備士たちは悲鳴をあげていた。このとき富永がまわってきて、恐る恐る陳情した職員の言葉を取り上げた。

「富永がいいと言ったと、設備課に伝えなさい」

こうして溶接作業場までダクトが延ばされ、冷風が砂漠のオアシスのような区域をつくってくれた。富永は後年「天皇」と呼ばれたこともあったが、彼の現場主義とはこういうものだった。

松尾のもとには富永が毎日訪ねてきて、整備業務のレポートの詳細が伝えられた。直接報告ができないときには、社内の連絡便でレポートが送られてきた。

十年後に日整は日航と合併するが、毎週月曜日朝九時からの役員ブリーフィングは、富永整備本部長の言葉からはじめられた。

やがて週一回、早朝六時五十分ごろに、富水が松尾の自宅を訪ねるようにもなる。松尾の妻の手作りの朝食を食べながら、ふたりは安全運航について語り合いつづけるのである。

現場重視

松尾も、整備の富永同様、現場にしばしば足を運んだ。驚くのは現場の社員のほうである。

吉田仟《しげる》はランプ・クルーのあと乗務管理部門に異動となったが、専務である松尾が突如現れたときのことを鮮明に記憶している。

「松尾さんを役人あがりと書いてある本があるが、役人というのはとかく現場を把握できないもの。でも松尾さんはちがったのです。暇さえあれば、つまり出勤途中とか退社の後などにもまわってきた」

日航社員のなかに松尾を「役人あがり」と考える人はいたのだろうか。おそらく松尾が健在のときにそう考えた社員はいなかっただろう。

「松尾さんは、おーい、君、やっとるか、と現れるのです。秘書をわずらわせず、ひとりぶらりと来るのが常だった。ある晩、夜の十一時すぎ、こちらは夜勤でこれでもう終わりというときに、松尾さんが、おーい、やっとるか、と現れた。秘書は、松尾さんが所在不明になったときには、羽田の現場か航空局に問い合わせれば事足りたので、探索は楽だったと言っていましたけど、そのくらい現場への思い入れがあったし、思いやりの姿勢には心底頭が下がるものがありました。これは社長になってからも同じでした。社長が詳細を知っているのは怖いですよね。そういったことが職場に緊張感を与えたというのが、松尾時代の特徴だったと思うのです」

作業中の整備士が人の気配がするので振り向くと、そこには写真でしか見たことがない松尾が人なつこい笑顔で立っていて話しかけてきた、というようなエピソードは多い。

「事前に一報くれなければ準備ができない」などという見当違いの苦情が秘書に寄せら

れたこともあった。

また、松尾は長男芳郎を整備へ、三男俊介をパイロットの世界へ送り込んだ。いや息子たちも、父の働くさまをみて飛行機を身近に感じ、この仕事の魅力を知ったようである。

伊丹空港で飛行機を見て──長男芳郎の場合

家庭での松尾は、どのような顔を見せていたのだろうか。昭和五（一九三〇）年、蔚山で生まれた長男芳郎は、次のように語った。

「父は、『仕事は一人では出来ん、他人の協力が必要だ、そのためには人の悪口は言うな』と言っていました。また、どんな仕事であれ、魂を入れて取り組め、そしてその道の専門家になれと」

この言葉を芳郎は忘れたことがない。

航空に興味を持つようになったのも、父の仕事があってこそだった。

「小学校三、四年の頃、父が大阪の伊丹飛行場長をしていたとき、よく空港に連れて行ってもらいました。身近に飛行機を感じて育ってきましたから、自然に航空の道に進みたいと思い始めていたんですね」

東京の公立高校から慶應義塾大学工学部機械科に進み、航空研究会に所属した。グライダーの設計を試みたこともある。

「就職のとき、僕は日本航空整備会社を受けて、内定をもらいました。でもその年、日本航空はパイロットの募集もしていて、そちらも受けたいと面接で言ったんですね。身体検査を受け、技術的な試験も受け、技術屋だったからそれは易しくて、パイロットの内定もいただいたのです。

日整はやめて、パイロットになろうと思いました。ところが大学のゼミの教授のところに報告に行くと」

「お前、大学でジェット・エンジンの勉強をしたのに、パイロットになるのか、バスの運転手と同じじゃないか」

猛烈な反対である。松尾夫妻の間には三男二女の子供があったが、家では母親のふみが「長男だからやめてほしい」と懇願した。

二つの反対にあい、芳郎はパイロットを断念することになる。

「もし僕がパイロットになっていたら、パイロット一期生になっていたのです」

芳郎はのちに整備本部長から取締役となるが、その役員会の席で、運航本部長から「パイロットになっていたら、生涯賃金が違っていましたね」と冗談で言われたこともあった。

さて、昭和二十九年、日本航空整備会社に入社することになった芳郎に、父は言った。

「自分の担当をちゃんとやれ、その第一人者になれ、それならあいつに聞けとなるように、社内一の専門家になれ」

エンジン工場の現場で作業衣を着て働く日々が続いたが、翌年夏、芳郎は、カリフォルニア大学工学部機械科の大学院生として留学する。将来を見据えて、ジェット・エンジンの勉強をするためだった。また、大学のクラブ活動ではフライングクラブに所属、ここでパイパーJ3の二人乗りの操縦を習い、単独飛行が許される免許を取得した。空を飛ぶ夢は断ち切れなかったようである。

帰国すると芳郎は原動機技術課に配属され、エンジン畑を歩くことになる。その後、整備本部では平沢秀雄の役職を引き継ぐことになる。

復職したばかりの頃、社内にできたばかりのフライングクラブに勧誘されもした。当初は飛行機は借りて操縦していたが、やがて皆飽き足らなくなり、会員が金を出し合ってパイパー・チェロキーPA28型を購入した。分解して輸入すると、芳郎らは羽田の格納庫で組み立てた。自家用操縦士の免許もこのころ取得した。

「操縦練習はもっぱら調布飛行場だったけれど、大島や仙台、富山を飛んだことも懐かしい。このクラブからは日航のパイロットになった人も何人かいた。会員は運航本部と整備本部の社員が主で、スチュワーデスの方も数名いた。自家用飛行機免許は取得している飛行機好きばかりでした」

芳郎は現在も、航空・宇宙・防衛の専門ニュースサイト「TOKYO EXPRESS」に書き続け、日々更新し続けている。芳郎の生活は、いまでも航空とともにある。

地球儀を示されて——三男俊介の場合

松尾俊介は昭和十六年鎌倉生まれで、芳郎より十歳年下である。
「父が航空庁をやめて日本航空に勤務となって、いつぐらいのことかな、地球儀を買ってきて、ここところを飛んでいる、世界を飛ぶような航空会社なんだ、と一番上の兄芳郎と話していたことがあった。そばで聞いていた僕は小学生で、そんなことから飛行機好きになったと思う。

兄芳郎はソリッドモデル作りが好きで、角材を切ってヤスリをかけて器用に作っていた。僕のほうは、Uコンという模型飛行機をピアノ線でつないで飛ばす方法があって、エンジンを買ってきて、翼や胴体はバルサという木材で作っていた。胴体には紙や布を貼り、コントロールして飛ばすのです。

その頃、我が家は世田谷に住んでいて、学芸大学駅のところに煎餅屋や大工のおじさんたちなど、模型好きの溜まり場があった。僕は子供のときから、そこに行って飛行機についいて教えてもらって、中学になると飛行機を作っては近くにある、まだ野っ原だった駒沢公園で、夏休みなどには朝から晩まで飛行機を飛ばしていたもんです」

俊介は、パイロットになると決めていた。高校時代のことである。

慶應高校から芳郎同様に、同大学工学部機械科に入学した。就職の際には、兄の無念を知っていたので、教授には相談せず日本航空のパイロット入社試験を受けた。

「古いアルバムを見ると、父が飛行機の脇に立って、軍服でしょうけれどパイロットの姿をしている写真がある。父もパイロットになりたかったんじゃないかと思う。僕がパイロットになると言った時、父は何も言わなかったし、母も長男には反対しても、末っ子の僕の決意には反対もなかった」

この時代、日本航空には操縦士養成所はなく、自衛隊で基礎訓練をする委託システムが始まっていた。俊介は合格後、同僚十名と全日空、農林水産省ヘリコプター要員ら二十四名で、自衛隊に赴くことになった。隊員たちと一年半にわたって同じ釜の飯を喰ったのである。それは起床ラッパで始まったものである。

こうして訓練を終えて日本航空に戻るが、まずはナビゲーター（航空士）のライセンスを取得しなければならなくなった。というのも、まだ日本航空に飛行機の数は少なく、ほやほやのパイロットが飛行機に乗るなど叶わない時代だったからだ。

「整備をするにも、貴重な飛行機にはベテランしか触らせてもらえない時代でした。僕らは行き場がなく、羽田の養成科という部署に配属になって。カリキュラムもないのでキャッチボールをしたり、スチュワーデスの非常訓練を冷やかしたりね。出勤時間もいい加減という輩も出て、たまたま現場が好きな親父が来て、いまごろ出勤か、と。その後、気象や管制などのカリキュラムがつくられました。

親父は本当に現場を重視した。学生時代から僕は親父を車に乗せて、整備の現場やカウンターなどに向かいました。

親父は現場の人間と喋るのが好きでね。ちょっと車で寄ってくれ、と整備工場に向かう。すると整備員から『誰もいないから、ちょっと懐中電灯持って照らしてくれ、照らし方が悪いよ』なんて言われたりしたらしい。僕がパイロットになってから、整備士から聞いた話です。『そんなこと親父さんに、言っちゃったんだ』とね。

親父は、初詣の帰りにも『年越しそば食ったか』と整備工場に寄りました」

俊介は、やがてB727の副操縦士を皮切りに、DC8機長として世界一周線の折にはサンフランシスコに駐在し、アメリカ大陸を横断し大西洋上も飛んだ。カリフォルニア州ナパのパイロット自社養成訓練所教官にもなった。下地島パイロット訓練用空港の開設にも関わり、二年半にわたって駐在した。

「親父がゴルフを始めたのは五十歳を過ぎてからだったけれど、ゴルフ場など送っていく途中に、お宮があると必ず車を止めてくれと言ってその前で手を合わせていました。

親父が社長の時代、事故がなかったのは運がよかったといえばそうですが、お宮に止まれと言ってお詣りしていたということは、人間の力の及ばない何かがあると思っていたからだと僕は思っている。

後年になると、青白きインテリばかりで、現場に興味がない奴が多くて困ると嘆いていました。現場を重要視しないとだめだ、ということは徹底していました。富永さんも週一回、我が家にみえていた。その光景は鮮明に覚えています」

臆病者と言われる勇気をもて

四六時中世界のどこかで日航が飛ぶようになってから、松尾は「夜中にかかってくる電話がいちばん怖い。事故ではないか、とどきりとさせられる」と言うようになった。また、少しでも天候が悪ければ、夜といわず早朝といわず、羽田の運航統制室に電話をかけて、全路線の運航状況が正常かどうか確かめる。家に戻っても天気の悪い日には、今日の運航はどうだったか気になって眠れない。

そういうときには、半ば無意識で受話器をにぎってダイヤルをまわしてしまった。逐一報告をきくと、「どうもありがとう。ご苦労さん」という言葉が口をついてでている。それは運航任務についている乗務員、各空港で夜昼休みなく働いてくれている社員へむけての言葉だった。心にかけている気持がやがては安全確保につながると、信じて疑わなかった。

飛行機に乗るときには、「お客さまを優先させて、重役であるのに、自分は最後に乗ってきて静かに空いている席を見つけてすわっていらしたわ」と感心するのは伊丹政子である。

自分の名刺には、機長の名前と安全のためにいっそうの努力をしてくれるよう記して渡すのを常とし、目的地につけば着陸後、操縦室に入って言葉をかわした。

「ありがとう。きょうはご苦労さん」

着陸すると、ファーストクラスの客を飛行機の出口でスチュワーデスたちとともに送り、自分は最後に降りたともいう。その後の社長が、地上職社員に伴われて、お客より先に飛行機を降りて行くのとは対照的だったというのである。

松尾は機長たちに「天候が悪い到着地の空港上空で、ちょっとでも不安や危険を感じたら、遠慮なく引き返してほしい。他社機が降りているのに格好が悪いとか、臆病とそしられてしまうというようなことは気にせず、安全を一番に考えてほしい」と説きつづけた。

それが社内では有名な標語「臆病者と言われる勇気をもて」として語り継がれていくことになる。

のちのこととなるが、カナディアン・パシフィック航空が悪天候の羽田で事故を起こしたとき、松尾はその一時間前に、日航機がハワイから羽田に飛来していたことを知った。

その飛行機は羽田上空へ来て、二度着陸を試みた。だがどうもあぶないと機長が判断したのだろう。福岡に行って着陸し、翌日東京へ帰ってきたというのである。

松尾はこの日、羽田に着いた機長を呼び出して詳細な報告を訊くことにした。

その機長は、まずホノルルを発つとき、東京の天気をきいたという。東京は悪天候だと返ってきたから、彼は予備燃料をたくさん積んだ。そして途中でふたたび東京の天気をきき、それがホノルルを発つときよりかなり悪化していることを知った。そこで彼は、途中からスピードを落とし、エンジンをしぼって燃料を節約しだした。というのは、羽田着陸前に一時間ぐらい旋回して、もし駄目ならどこかほかの空港へ着陸するほかないと判断して、燃料の節約を開始したのである。

さて、羽田で着陸を試みようと、管制塔からの誘導を受けながら着陸態勢にはいった。いよいよ着陸灯をつけて滑走路に接近したが、この夜は特殊な霧で着陸灯の反射がひどく、まぶしくて視界がきかない。滑走路の灯がぼうっとかすんで見えた。これでは着陸ができないことはないが、接地してから方向を誤るようなことはないか。そう思ったので、ターンして木更津上空まで行って、ふたたび同じように正確にはいろうとした。今度は着陸灯が三つでは反射がひどいかもしれないと思い、中央の着陸灯を消し、両翼だけにしてやってみたがやはり前と同じだった。そこで、もうこれ以上はあぶないと思い、急遽、福岡へ向かって飛び、無事着陸した。

福岡では自分の機の客を入国させるのに三時間ぐらいかかり、機長がホテルに入ったのは、すでに真夜中の二時になろうとしていた。そのため、その夜はほとんど二、三時間しか眠れなかった。

翌日、天気は上々であり、乗客を東京へお連れしなくてはならない。しかし、この機長はホノルルから通しで飛び、福岡でも徹夜同様の状態、いかに天気が良くても安全上、自分がこのまま機長として羽田に飛ぶのは危険ではなかろうか。こう思い、ほかの機長に任務を代わってもらって、自分は客席に乗って東京へ帰ってきたというのである。

松尾はこの機長の対応を喜んだ。これだけ慎重に、「臆病者と言われる勇気をもて」の方針を実践してくれたと知ったからだった。安全こそが至上命令だということは浸透している、と松尾は信じることができた。

運航乗務員が乗務するとき、重役並みに自宅から空港までハイヤーで送り迎えするように提案したのも松尾だった。現場を大切にしなくては安全運航は保たれないという松尾の哲学からだった。「社員は宝だ」「一隅を照らすは、これ国の宝なり」などと事あるごとに、座右の銘のように口にしていた。

運航乗員や整備士の仕事では、ちょっとした勘違いのような、人間にありがちな過ちが致命傷になる。それは単に技術の善し悪しからくるのでなく、もっと人間的な、いわば状況を把握し判断する力から発生するものである。こういうことは訓練時間を増やしたり、マニュアルを充実させたりするだけではなかなか解決しない。人間の個々人の心に帰する問題なのである。

運航にたずさわる一人ひとりが健康で、精神的に安定していることも安全には欠かせない。松尾は航空事業の経営には、その労働環境整備も大切であると考えていた。だから労働組合をつくることにも積極的だった。

機長が数百人の乗客の生命を預かる仕事で、課長よりも権限があるのに、管理職でないのはおかしいというので、機長管理職制度もしいた。「社長よりも機長の給料が高い」と事務方に指摘されても「人の命預っているのだから社長より多くていいじゃないか」と平気だった。

副操縦士から機長昇格試験に合格して任命されるときは、社長室において辞令交付の任命式が行なわれた。このとき機長の制服を着ずに現われると、「どうして着てこないのだ?」と心構えを危ぶんだ。機長に誇りを持てということだった。一応の訓示が終わると、雰囲気は一変した。松尾は微笑をたたえながら、新機長をテーブルに招いてみずから茶菓を勧めた。

「機長昇格おめでとう。機長は安全の最高責任者であり、貴重な人命や財産をあずかる重要な職務だ。その意味でキャプテンはつねに健康に留意するとともに、品性を高めることにも努力してほしい。これからは会社を代表し、国際線に出れば、今度は国の代表者として外交官的役割もある。その使命と責任はまことに重大だ。大いに誇りをもってがんばってくれ。しっかり頼むよ」

松尾は祝福と激励と、安全のお願いをした。

「ところで」と松尾は、話をかえる。

「君のご家族は？　奥さんは元気？　子供さんは？　今日帰ったら、まず奥さんに機長昇格を報告し、感謝しなさい。そして家族中で祝福しなさい。それからフライトで家を出るときは、夫婦げんかは絶対しちゃいかんよ。安全運航に支障をきたすことになる。心身健全、ベストコンディションで臨みなさい。家庭というものは、諸君にとってもっとも大事なところだ。家庭第一主義をとってもらいたい」

松尾は、家庭の安らぎがいかに安全運航に欠かせないかということを説いて理解と協力を求めた。また妻ふみも機長の夫人達と常に親しくし、「御主人様はとてもとても大切なお仕事をされているのですから、いつも笑顔で送り迎えして、楽しい憩いの家庭を作ってあげてください」と頼んだ。機長就任のときには、同様の趣旨のお祝いの手紙を一人ひとりに心をこめて書いた。このような松尾の精神は、その後も長く運航本部で生きていたようである。機長昇格のとき、運航本部長からはお祝いにバカラのペアグラスが贈られていたという話も耳にした。

松尾自身が家庭第一主義であった。だからこそ部下にもこのように言えるわけだった。

パイロット二期生の水間博志が乗員訓練所長となったとき、松尾からポケットマネーの酒席に招待されたことがあった。
「飛行機の商売はなんといっても安全第一だからね。どんなに技術革新が進んでも、安全の原理、原則は普遍だよ。その鍵をにぎっているのは機長だ。その機長をめざすパイロットの教育訓練は非常に重要なことだ。技術を磨くことは、プロとして当然だが、人格者としても尊敬を受けるような、また国際人として常識豊かな機長像が期待されるね。教育をしっかり頼むよ。運航と整備は飛行機の両輪のようなものであって、安全の要《かなめ》になっている。フライトは安全の総仕上げであり、すべてが集大成されたものだ。それを機長は担当している。わたしは乗員の教育を非常に重視しているよ」（『翼の星霜』）
吉田仟も、航空人として松尾を心底、尊敬している。
「松尾さんの時代には、現場の第一線と精神的な交流があったことが、その後の天下り社長とはちがっていたのです」

鶴丸誕生

鶴丸は日本航空のシンボルである。わたし自身もそうだが、佐野開作もまた鶴丸への思い入れは深い。

「鶴丸マークを頼りに、外国航空会社を使ったお客さまですらJALの海外支店にいろいろな相談にきたものです」

鶴丸は日本航空のシンボルだったが、二〇〇二年の日本エアシステムとの統合後に新マークへ切り替えられた。それは輝く太陽をかたどった赤の円弧で、変革への強い意志を示したというが、その赤い円弧がJALを切っているようにも見えた。

ところが、二〇一一年新生JALの誕生時にまた鶴丸が復活した。

これは多くのJAL出身者にとって嬉しい事件だったのではないだろうか。

吉田仟は昭和三十五（一九六〇）年、初導入することになったDC8「富士号」を受け取る担当として米国へ出向いた。そのとき機体側面に小さく描かれていた鶴丸の印象は鮮烈だった。

「ジェット機投入で日本の航空は新時代に入っていました。鶴丸はその象徴に思えた」

鷹司信兼も新生JALで鶴丸が復活したことを喜んでいる。

「やはり温故知新というのが必要でしょうね。日本航空には鶴丸の歴史というのがあったわけで、どういう経緯で誕生したか。なぜ鶴丸がそれほど長く愛されたか、ということが考えられずに、向こう傷がはいったような新しいマークをつくっても馴染まなかったというわけでしょう」

日本航空＝鶴丸というほど定着した社章だが、そもそも創立直後の九月には別の社章が制定された。

このときのデザインは公募され、佳作に入選した二案に手を加えて完成させたものだった。JALの文字を飛行機の正面の形の翼に見立て、Aの真ん中に赤い日の丸があしらわれていた。

しかし、JALの三文字はわかりにくく、両脇が翼のように突き出ているため、バッジとしては細長い翼の部分が折れ曲がったり、七宝《しっぽう》が剝げることもあったりして評判が良くなかった。

やがて、バッジや株券につかわれるだけならまだしも、この社章を宣伝の武器として見た場合、あまり効果がないのではないか、といわれるようになった。

これだけではどこの会社のマークかわからない。ほかの航空会社のマークとくらべて、きわだった印象がない。とくに国際線に進出するにあたって、ほかの航空会社と区別がつかない、というのが致命的だった。

国際線開設にあたって米国の広告代理店に宣伝を依頼したが、米州での広告にはこの社章がまったく使われなかった。彼らは、JALの文字に桜の花をあしらったマークを新しくデザインして使っていたのである。

このため本社のほうが海外向けの宣伝印刷物には、このマークを使用せざるを得なくなっていた。

たしかにＪＡＬのセールス・ポイントは「日本的なサービス」であり、日本の印象と全くかけ離れた社章では意味がないどころか、マイナスだということになった。新しい航空会社として売り込むとき、この社章は役割を果たせなかった。

それでは新しい社章を作ろうということになったとき、担当である宣伝課長の千田図南男は鷹司にこれを考えるように命じた。昭和三十五年入社の都甲昌利によると、千田は時事通信出身で、のちに深田祐介などを輩出することになる日本航空・広報室の初代室長である。千田はスチュワーデス一期生の佐々木喜久子と結婚することになる。この広報室という部署は、まだほかの企業にはなく、日本航空がおそらく国内初だろう、とのことである。

さて、千田が鷹司に命じた理由については、わたしの推測だが、「古美術カレンダー」の成功があったためと思われる。海外に日本の美を紹介して成功をおさめた鷹司なら、日本航空の特色を出せる社章を考えつく、とみたのではなかろうか。もっとも鷹司自身には、そういった意識はなかったのか、「お鉢がまわってきた」という表現となる。

「当時、世界の航空会社のマークにはパン・アメリカンの地球儀やカンタスのカンガルーなどがあったけれど、けっこう多かったのは鳥をアレンジしたもの。後発会社としてこれから国際線に進出する日本航空にはなにがよいのか、と考えました。つまり〈日本〉〈飛行機〉そして〈品格〉があるもの。いろいろ考えた末、わたしが選んだのは丹頂鶴でした」

幸いに伯父には鳥を専門に研究する博士がいた。論文が英語なので叔父の名前は日本ではあまり知られていなかったが、信兼はお伺いをたててみた。

「丹頂鶴というのは日本とシベリアを行き来する渡り鳥だよ。でも、日本では家紋にしている家もあり、しかも古来よりめでたい鳥とされている。テーマにはふさわしいだろう」

お墨つきを得ることができた。

「そこで欣喜雀躍して稟議をたてようとしたら、千田さんから待ったがかかった。命令した課長がなにごとぞ、といぶかったのだけれど、課長曰く、このようなものは誰にも一言あるもので、下手をするとたちまち潰されかねない、むしろこの鶴をいろいろ使って、なんだ、まだ決まっていなかったのか、といわれるようにした方が良い、という。そこで宣伝にかかわるポスター、パンフレット、営業所のデコレーション、機内サービス用品にいたるまで、鶴の飛んでいる姿のデザインなどを、大いに使うことにしたのです」

鶴丸誕生にいたる秘話である。

最初の作品は国際線用のポスターだった。

「鶴が数羽飛んでいるポスターや、国際線初期のパンフレットなどにある曲線で描かれた鶴がそれ」

これまでのポスターとはひと味違ったものをつくりたい、という鷹司の意欲は激しかった。自分でも線をひいて製作し、一時は、本気でグラフィック・デザインをめざすのかと妻の八重子が感じたほどだった。

「そのころのポスターはいまでもアーカイヴズにあります。おかげさまで評判はよかったのですが、わたしの注文が厳しかったので、それらを作製したデザイナーの永井郁さんは神経衰弱気味になったほどだった」

社内では、装飾デザインに鶴がつかわれはじめたという認識だけがもたれた。昭和三十二年九月には社歌がつくられたが、そこでも「鶴の翼は」と歌われた。

昭和三十三年、最後のレシプロ機を送りだし、DC8の導入を二年後にひかえて、ジェット時代の新しいデザイン・ポリシーを宣伝方針の一環として検討する必要にせまられた。DC8の導入に手間取り、ジェット時代への進出が遅れたJALは、ここで巻き返しをはからなければならなかった。

日航国際線の主要な顧客はアメリカ人である。宣伝によって開発できる最大のマーケットでもある。だからアメリカ人にアピールするかどうかが主要な問題であると、主張したのはアメリカの広告代理店だった。ほかの会社との明確な区別をつけるためにも、社章は日航にしかない特徴をうちだすべきだというのである。日航の売りが「日本的なサービス」というのであれば、米国人が日本航空を選ぶのは、それが日本の航空会社だからであると、明確な論理できた。

鷹司が参ったと感じたのは、日本の紋章スタイルの「鶴丸」を提案したのが米国側だったからである。

「カリフォルニアにある広告代理店ボッツフォード社の女性でした。彼女が、日本には紋章があるでしょう、これまで使ってきた丹頂鶴を紋章スタイルにすればいいじゃないかと強く主張しました。それを聞いて、日本の良さを知っているのは意外にも外国人なんだなあ、と思いましたね。フェノロサやブルーノ・タウトほどでないにしても、ボ社に一本とられたと感心した」

鷹司は、鶴丸がほかですでに社章として使われていないかどうかを調べはじめた。すると、すでにそういう会社はあった。ところが、鶴の首の向きが反対だった。紋章には商標権が存在しないこともわかった。

結果として、赤鶴の紋章にJALのマークをいれるデザインに決定した。そして鷹司がみずからJALの文字を入れたデザインを作図した。鶴丸のなかのJALの文字は、飛行機のスピード感を出そうとしていくぶん左に尖った書体になった。こうして国際線のタイムテーブルに初めて鶴丸が登場することになる。昭和三十四年九月二十七日発効のものである。

鶴丸のＪＡＬの文字は、その後いくぶん変遷していく。二代目鶴丸は米州支配人の松村信雄が安全性が大切だという案を出し、どっしりした書体へと、その後、三代目は太くて右にそった書体へと変わった。破綻後に復活した鶴丸は、羽の切れ目がいくぶん深くなっているようである。

アメリカのキャンペーンで使用されたポスター

ジェット時代の幕開けを象徴するＤＣ８就航にあたっては、アメリカで大キャンペーンがおこなわれた。そこで使われたポスターは、日光や奈良、京都に飛行機の座席を輸送して撮影したもので大反響をまきおこした。

鶴丸はＤＣ８の外部塗装から食器、制服、営業所の看板、ポスターなど、ふんだんに使われた。また、「空飛ぶホテル」をコンセプトに、ファースト・クラスのラウンジには日本画家前田青邨による装飾画が飾られた。日本趣味で統一されたこの内装の特注はダグラス社から「たった四機でそんなこともさせるのか」と顰蹙《ひんしゅく》をかったが、これで日本航空のイメージが確立しえた。まさにナショナル・フラッグ・キャリアの品格だった。

鶴丸、世界へ

昭和二十九（一九五四）年には、昭和天皇皇后両陛下が札幌＝東京間に初めて搭乗された。途中、東海村の原子力発電所はどこか、とご下問があったという。

千歳からの帰路は順調で、予定より早く着きそうだったので、時間稼ぎのために皇居上空一周が提案された。陛下はすっかりお気に召されたようだった。

のちのことになるが、一九七一年、天皇が日航機で欧州に向かったとき、伊丹がその特別機に乗務した。天皇は「あの足の悪い伊丹の娘か？」と、大使館付武官として皇太子時代のヨーロッパ歴訪に同伴した伊丹の父を思い出された。

こうして天皇や皇族の飛行機旅行も増えるようになり、日航は押しも押されもせぬナショナル・フラッグ・キャリアと認められるようになっていく。

ブラジル移民五十年を記念して日伯親善特別飛行がおこなわれたのも、昭和二十九年である。操縦室にはナビゲーターとして日本人パイロットがすわるようになっており、翌年には初めてDC6‐Bの日本人機長の誕生をみる。

ブラジル便には竹田悠子、伊丹政子ら四人のスチュワーデスが、吉田内閣最後の外務大臣と慶祝使節団を乗せて飛び立った。しかし、サンパウロまでの道のりは東京を発って、ウェーキ島で給油し、ホノルル、サンフランシスコ、ニューオーリンズでも燃料補給、カラカスで一泊し、さらにフライトはつづきリオデジャネイロで給油、そしてやっと目的地のサンパウロにたどりつくという極めつきの長大路線である。このブラジル線は定期便ではなく三か月に一度だったが、移民した日系人が車で丸一日かけて空港に出迎えてくれるほど、待ち焦がれられた便だった。

それはハワイでも同様だった。小幡隆子は「日本からギョール（GIRL）がくるそうな」と歓迎され、日系移民の家にフライトで行くたびに招かれたことが忘れられない。持参したつくだ煮は大感激された。

昭和三十年、竹田悠子に転機がおとずれた。もし客室乗務員をやめることがあっても地上職で働いてほしいといわれていたのに、悠子は退職することになったのである。

サンフランシスコ発東京行きの便でのことだった。後輩のスチュワーデスが客の背広にマティーニをこぼしてしまった。そのとき責任者として悠子が出向いてあやまった。背広は汚れた背広はいかにも高級そうである。こういった場合にクリーニング代を出すという社内規程はなかったが、悠子は自腹をきってでもそうすべきだと判断して対処した。話のなかで、この客は南米アルゼンチンから四年ぶりに一時帰国する商社マンだということもわかった。ブラジル便にも乗務したことがある悠子は、南米の話題にもついていけた。気持ちは和まれたようだった。

途中、ハワイで乗務員の交代があるため、悠子が降りる支度をしていると、「え、降りてしまうの」とその商社マンは落胆したような声を発した。

まもなく日航の人事課に丸紅から連絡がはいった。機内で出会った商社マンから悠子への求婚がなされたのだった。悠子にとっても彼の印象は強く、その申し出を受け入れたのである。

ふたりの結婚は、女優高峰秀子と脚本家松山善三の結婚とともに、〈時の人〉として週刊誌の特集記事となった。スチュワーデスが登場するドラマでは、よくこうしたエピソードが馴れ初めとして使われるが、この悠子のケースをモデルにしているのではないかと思われるほどである。悠子は二度と訪れることはないと思われた南米に住むことになった。

昭和三十五年にはエール・フランスとのアンカレッジ経由ハンブルク＝パリの共同運航が始まる。「列車並み」といわれる割引夜行便のチケットも販売された。東京＝札幌便はオーロラ、東京＝福岡便はムーンライトと名づけられた。会社の業績も上々となり、民間株主には毎年五パーセントの配当がおこなわれるようになった。

日航が初の自社機による北回りヨーロッパ定期便を開設したのが、この翌年である。一月には、柳田誠二郎が海外経済協力基金の総裁の辞令を受け、「もっとも信頼してお る」松尾に社長のバトンを渡した。JALは三千人の職員をかかえる企業となっていた。松尾新体制は、本格的なジェット時代の到来ともいえるヨーロッパ線の華やかな就航で幕があいた。

このとき吉田仟は運航管理者として、ヨーロッパの基地となるコペンハーゲンに在勤している。北回りヨーロッパ線は東京＝アンカレッジ＝コペンハーゲン＝ロンドン＝パリ＝コペンハーゲン＝アンカレッジ＝東京を、週二便で飛ばすことになった。

「このころ消費燃料は社内の総経費の二十五パーセントを占めていました。燃料を節約することが大きな課題だったのです。それにはジェット気流を活用すればいい。そうして航続距離が長くなれば、いくらかでも燃料を節約することができる。もちろん飛行高度も関係してきます。もっとも速い追い風と最適の飛行高度の選択ができれば、斬新な運航技術になるわけで、なんとかその開発をしようと、このころ運航管理課はまるで研究所のようでした。二日三日の徹夜などザラだったが、みな眼が輝いていた。そしてついに航空士と気象士と運航管理者の合作によって、JALが米軍やパンナムに先駆けてこの開発に成功した。これを北回りヨーロッパ線で活用したから、欧米の航空会社から絶賛されたのです」

旅客の利用率も高く、二年目にしては異例の早さで黒字路線となる。

昭和三十七年には南回り欧州線も自主運航にきりかえ、世界一周線への足がかりができる。ところが、南回りについては、その運航ダイヤに関する会議が大もめにもめた。

東京を基地としてインド経由欧州の路線を一往復すると、その間に二十回近くの離発着を繰り返さなければならない。このような発着回数の多い路線は日航がかつて運営したことのない路線であり、いまだ使いこなしていないコンベアー880型で安全運航を確保できるのか。

それには復路カラチで三時間滞留して点検するダイヤを策定すべきである、というのが運航・整備部門の結論だった。

一方で、伊藤良平率いる営業部門からすれば、この長大路線は収容収貨の面で非常にむずかしい新線であり、カラチに三時間も滞留しては回収できないひどい赤字路線になるとして、猛反対の意見が圧倒的多数となった。営業部でダイヤを担当した野原企画課長はやりなおしを繰り返し、ついには第十六案を作成したほどの難作業だった。運航・整備と営業が真っ向からぶつかったまま、両者譲らず度重なる激論の末、松尾の裁断には両者とも異議をとなえず服従することを約束して、社長の断を求めることになった。

松尾はひとこと言った。

「伊藤君、黙って運航・整備の言う通りにしてやれ。おれは営業の赤字より、運航の安全を優先したい」

伊藤は何も言わずにひきさがった。営業部門を納得させるのには一苦労したが、それよりもこの松尾のひとことが忘れられなかった。会社はふたたび株主配当が出ない状況になっており、社長になった松尾について「松尾はやっぱり技術屋だ、彼にまかせておいては、日航は赤字を脱却できない」との批判があがっていたのだ。しかし、松尾はこと安全運航のためには、世論に迷わされることはなく、一歩も譲らなかった。

北回り第１便で，コペンハーゲンにて歓迎される松尾夫妻

聖火号

昭和三十九（一九六四）年には東京オリンピックが開催される。

当時の新聞を調べてみると、聖火をどう日本まで運ぶかが世間を賑わしていたようである。何しろオリンピアで採火される聖火の初めての東洋入りだった。そのためにリレーコース探索隊が結成され、ギリシャからトルコ、シリアから南下してインドを通過するユーラシア大陸横断が試されている。道は一千年前のままで石ころと砂である。宿もなく探査隊は井戸から泥水を汲んで飲んだ。摂氏六十度あるヒンズークシの高峰も密林も突破する。シンガポールからは空路をとり百二十六日で東京着。しかしガンジス川が氾濫すれば、琵琶湖ほどのにわか湖が出現するというので、この計画は頓挫したのだ。

早くて安全が何よりというので空輸案が急浮上した。予算も半分の一億円である。それでも中近東やアジア十一か国に寄航し、各都市でリレーや式典に参加する。五輪史上もっとも長距離の旅は二万六千キロ余りにおよんだ。

平沢秀雄は、「このときDC6－Bが使われたのは、聖火輸送には〈City of Tokyo〉という名前がいいからという理由でした。昔は飛行機に愛称をつけていましたからね」と語る。

この聖火号に航空機関士として乗務したのは、二十九歳の佐藤卓三である。佐藤は昭和十年生まれ、日比谷高校時代にはのちに評論家となる江藤淳と親しく交わり、江頭という本名の彼を「エガシ」と呼ぶ仲だった。

理系だと自認していたが、当時法科を看板としていた中央大学に進学、その後、やはり理系に戻ろうと、日本航空で航空機関士を募集しているのを知って応募した。

面接官は富永だった。

「君の経歴を見ると飛行機なんかに乗らないで地上職をやったらどうかね」

「いえ、機械いじりが好きなので」

初志を貫徹したわけである。

「この聖火号に社命を受けて乗務したときには、緊張の連続でした。機長は、大川さんたち大機長が三名、神尾機関士に混じって、僕のようなペーペーの若造が加わりました。当時の航法システムは今から考えると全く原始的でした。飛行機にGPSの装備はなく、地上局から発信される電波を受信して、航空路に乗ってその方向に飛ぶわけです。当然、風が吹いていると飛行機は流されるわけで、最初三六〇度に向いて飛んでいても、風で流されるとこの針の指す方向が、風向きによって三五〇度とか〇一〇度とかになってしまう。航空路から外れさせないために始終風による〈流され〉を修正しなくてはならず、現代の航法施設しか知らない世代の人には考えられないと思います。

電波到達範囲外では、天測して星から位置を割り出していた時代で、アラビア半島上空を飛ぶ時は石油パイプラインが目印でしたね」

同機に乗務していたパーサー横尾政夫によると、聖火はカンテラの様な筒状の「聖火灯」三つに収められていたという。しかし、それらは上下動に弱く、乱気流の中では消えてしまいかねない、と予測されていた。

そのために、日本で当時よく使われていた、白金懐炉が聖火の種火を保っていた。これはプラチナの触媒により気化したベンジンを酸化加熱させる仕組みだった。

聖火号は香港で台風にもあい、機体を破損した。部品不足で整備できず、代替機が到着、さらにその機も故障。日本国中をハラハラさせながらやっと一日遅れで返還前の沖縄に着いた。沖縄では、日の丸の波、また波で迎えられた。

ここで分火して、鹿児島、宮崎、北海道へは国内線を飛んでいる全日空によって空輸され、全国各地を一か月間リレーして、ついに東京の聖火台に点火されたのである。オリンピアの採火から四十八日目、十万人余りの手によって運ばれてきた。

東京オリンピックの翌昭和四十年には海外渡航が自由化された。日航機利用のパッケージツアー「ＪＡＬパック」が発売され、価格は高かったが、休暇に海外旅行にでかけるという夢が身近なものになってきた。

昭和四十一年にはビートルズがＪＡＬの北回りヨーロッパ便で羽田に着き、ファーストクラスの法被《はっぴ》を羽織って降りたった姿は、多くの熱狂的なファンに日航の「ハッピーコート」を印象づけることになった。ニューヨーク線も開設され、大西洋を飛びこえてロンドンとニューヨークを結ぶ世界一周線も完成した。平沢秀雄はロンドン支店長として、この一番機がニューヨークへ発つのを見送っている。これは日本の民間航空史上画期的なことであり、世界で四番目の世界一周線となった。この時代にＪＡＬが東回りと西回りの世界一周線をもっていたことを、わたしはまったく知らなかった。

松尾は西回り世界一周線第一便を、ニューヨークのケネディ空港で待っていた。みぞれまじりの雨が最初は降っていたが、それもからりと晴れた。ひっきりなしにジェット機が離着陸している。

ニューヨーク線開設

やがてだれかが「来ました！」と叫んだ。遠くの空に日航機が見えてきた。松尾の胸に嬉しさがこみあげてきた。長年の念願が実って、世界を日の丸の輪で結ぶことに成功したのだ。エンジンの轟音が止むとタラップがつけられ、ドアが開いた。世界一周をしている大きな赤い達磨と一緒に、パイロット一期生の小田切春雄が降りてきた。アメリカ人のグランドホステスが花束を機長に贈り、頬にキスをする。それを見て松尾はおもわず微笑んだ。小田切と松尾が固い握手をしたときに、カメラのフラッシュが一斉に光った。

翌年には日ソ共同運航でモスクワ線も開設された。これは相互乗り入れの原則を、八年間も曲げずにねばった松尾の主張をひきついで、政府が対等の交渉をした結果だった。運輸事務次官から日本航空の専務となった朝田静夫も苦心の交渉をくりかえし、結局十年の歳月がたってしまった。

世界中の航空会社が虎視眈々《こしたんたん》とねらっていた日本とヨーロッパをむすぶ最短ルートに、ついに日航は一番乗りをした。松尾が経営にも手腕をしめした一例だった。

そして、ついに昭和四十五年三月二十八日、日本航空は自主運航を開始、DC8－62、ニックネームHIDAが白銀のシベリア上空を飛んだ。雪と氷の世界が、快晴の青空のなかにまぶしく輝いていた。

「微動だにしないフライト。この空を世界で初めて飛んだ民間定期便。感慨無量です」

そんなことを口にしながら、松尾は機内で一人ひとりに話しかけていた。

シェレメーチエヴォ空港ではウォッカのグラスを上げた。下戸だからとめったに酒を口にしない松尾だったが、このときは「ハラショー（素晴らしい）、スパシーボ（ありがとう）」と繰り返してうまそうに飲み干した。

記者会見では「この路線を次代のJALのステップにしたい」と話しながらも、「なんといっても安全運航に徹することが大事だ」と付け加えた。

日本航空四四〇便はモスクワのシェレメーチエヴォ空港で一時間滞在したのち、パリのオルリー空港に向けて飛んだ。日本からの所要時間は十四時間十七分。世界の航空史上日本とパリをむすぶ最短時間の記録を達成したのである。

こうして昭和三十六年一月の社長就任から約十年、松尾時代に日本航空は黄金期をむかえ全世界に路線を拡大した。

ノースウェストが運航していた「もく星号」の事故以降、大きな事故も起こしていなかった。雨の滑走路でのオーバーランの際、また、三発のエンジン不調で耕作地に不時着した際にはそれぞれ数名の軽傷者を出してしまったが、それ以上のひどい事故はなかった。乗客数は伸び、日本航空の存在感を世界に示すことができた時代である。

航空機大型化の時代が、すぐそこに迫っていた。

ジャンボ・ジェットの愛称で親しまれるようになるB747の開発が発表された時、日本航空はDC8導入時の轍を踏まぬよう、他社に遅れることなく早々とB747を発注した。

運航開始は、昭和四十五年七月と決まった。

しかし、就航当初の747は、エンジンも新規開発であり、いわゆる原動機初期故障問題が大きかった。

のちに取締役となる川島靖司は、このとき原動機技術課長補佐としてシアトルのボーイング社に赴いている。

「モーゼスレイク訓練所では、納入予定の一号機で、乗員がすでに訓練に入っていました。しかし十二時間連続で飛ばしたら、エンジンの高圧タービンのブレードを抑える板が高温のために壊れた。これはすべてのエンジンに起こりうる故障だと、平沢さんに伝えました」

ボーイング社にとっても初めての指摘だった。

「今では二万時間もつようなエンジンになったが、当時は三千時間。三か月で壊れてしまうものでした」

このとき平沢秀雄は、技術部長の立場にあった。

「予備エンジンも手に入りそうにない状況で、僕は富永本部長の命を受けて、エンジンメーカーのプラット・アンド・ホイットニー社に行き、必要最小限の予備エンジンの入手のめどをつけた。しかし、世界で最初に747を大西洋線に投入したパン・アメリカン航空は第一便から機材故障を起こして出発遅延、満足な定時性が得られていなかった。それで川島くんの報告を受けて、運航のシミュレーションを行ったところ、事業計画で決定されていた運航計画は不可能だとわかったんですね。高価な飛行機なので、できるだけ稼働率を上げて目一杯飛ばそう、という計画では、定時性が得られず、お客様に大変な迷惑をかけ、信頼を失うことになるという結果が出た。

それで一日に飛ばすのは八時間という稼働率まで落として、計画便数を減らし、その分整備に時間をかける必要があるとの結論を、富永さんに説明した」

富永はすぐに状況を理解し、常務会で計画の変更を主張し、平沢の提言を通した。

「企画室長からは、局の許可を取っている事業計画の大幅変更なので大変だったと言われました。富永さんの決断は忘れることができない。その結果、ジャンボは整備の時間も十分に取れて順調に飛び、遅延がゼロという月もあって、富永さんも喜ばれた」

平沢秀雄は、現場重視があるべき姿だという。

「修理を急げと言われることはなく、現場の声をよく聞いてもらえた時代です。私が役員になったあと、顧問となった富永さんや他の役員とは、毎日昼食をオペレーションセンターでとりました。これも役員同士のコミュニケーションをはかるために、富永さんが提案して始められたことだった。

私たちの仕事を『くどい』とおっしゃったことがあって、それはあっさり要点をつかんでやれ、規則などやたらにたくさん作るな、との指導だった。原価把握や管理のこともやかましく言われた。おかげで整備は他の部門より管理ができていたと思う」

会葬

昭和四十六（一九七一）年五月二十九日土曜日、日本航空の株主総会が開かれる日の朝のことである。この日をもって松尾は会長に退き、朝田静夫が社長に就任することになっていた。ところが会長室はまだ準備中で、机も備品置き場もない有様だったから、社長秘書だった川野光斉は、数日の猶予をもって社長室の荷物を運べばいいだろう、と思っていた。松尾の背中がいつもよりいくぶん小さく見えた。

ところが松尾は「月曜からは社長室には足をはこばないのだから忘れ物のないように」と厳命した。川野は、松尾の経営者としての厳しい一面を最後にまたつきつけられた形となった。

まもなく以前より体調不良を感じていた松尾は入院した。精密検査を受けて胆石があるということはわかっていたが、松尾が手術を躊躇する様子を見て、慈恵医大の医師も「かならずしも手術の必要はない」との診断をくだしていた。

「そんなものは早くとっちゃえ」という友人に、松尾は「ひとのことだとおもって簡単にいう」と返して先のばしにしてきたのだ。

かつての盟友の柳田誠二郎は、「きみもやるべきことはやった。日本航空もここまできたんだから、だれにも遠慮することなしに、もっとゆったりしたらどうか」と助言した。松尾は「よし、よし、そうしよう」などと応じたが、実のところ新たな大量輸送時代をむかえる、今後の日本航空の先行きを懸念していた。

前年五月には羽田の東京国際空港に新しい国際線到着ビルが完成した。国内線のみで最大ネットワークを誇る全日空では、新しく若狭得治が社長となり、航空界の再編がはじまっていた。全日空と東亜国内航空の合併話は白紙にもどされ、東亜は日本国内航空との合併を決めた。

松尾が会長に退き、その翌月にはボーイング747型機、通称ジャンボ・ジェットが東京＝香港、東京＝サンフランシスコ線に就航した。さらにその翌月には東京＝ハバロフスク線も運航を開始し、日航の前途は洋々たるものにおもわれた。

七月、航空界を揺るがす事故が起きた。全日空の札幌発東京行きが岩手県雫石《しずくいし》上空で、航空自衛隊戦闘機と空中衝突のため墜落、国内の事故としてはそれまでで最大の百六十二人が犠牲となった。

役員たちに松尾は語りかけた。

「日航は非常によくなったが、会社がこういうように調子よくいっているときこそ、いちばん危ないんだ。あぐらをかくようなことがあってはだめだ」

松尾の懸念は現実となった。その翌年、日本航空は創業以来、最悪の年をむかえた。

五月、雨の羽田空港でDC8が離陸中に滑走路を逸脱し、十六名が負傷した。

翌月には、東京発ロンドン行きDC8が、ニューデリー空港着陸進行中に墜落、乗員乗客八十六名が亡くなるという大惨事が起きる。

松尾は多難な会社を思いながら、胆石の手術を受けるために手術室へとむかった。しかし、胆のう炎を起こしていて、術後の経過は良くなかった。家族は松尾の苦悩を眼にし、事故が精神的ダメージを与えていると感じ、テレビを病室からとりのぞいた。

九月には、ボンベイのサンタクルズ国際空港で、誤って小型機専用の空港に着陸して滑走路を逸脱、十一名が負傷した。

松尾が入院生活をつづけているなか十一月、モスクワのシェレメーチエヴォ空港の事故が伝えられた。離陸直後、機は滑走路端に墜落し、六十二名が死亡したというのである。そのDC8は、松尾自身がモスクワに初めて飛んだ思い出深い一番機HIDAだった。家族は、松尾にこの事故を告げなかった。

戦前から松尾を「おやじ」と慕い、日本航空の役員となっていた斎藤進が入院中の松尾を見舞うと、「おれは必ず、来年早々、一時間でも二時間でも会社に出る」と手をつかんできた。さびしそうな表情をして、事故のことばかり考えている松尾の心情が、やせ細った手から伝わってきた。

昭和四十七年十二月三十一日、二度めの手術を受けたあと、松尾は退院することなく逝った。枕元には年始式のための草稿が残されていた。そこで言及されていたのは安全運航のための「現場第一主義」だった。

「参謀肩章をぶらさげた人ばかりでは戦争ができないのであります。管理職になると偉くなったかのように錯覚し、つい現場を忘れがちになる。これが危険だというのです。

いかなる地位、立場にあっても、つねに現場第一主義に徹し、航空事業の生命たる安全運航のために、全社のエネルギーを結集すべきなのです。とにかく、今は百の無責任な議論や批判より、与えられた職務を忠実に全うすることが先決なのです。いまこそ社長を中心として、全役職員が心を一つにして対処してゆかねばならないことを、どうかしっかりと認識してくださるようにお願いする次第です」

松尾の挨拶は年初とは思えぬ厳しいものになるはずだった。

どんよりと曇った底冷えのする寒い日、東京・築地本願寺で社葬がとりおこなわれた。会葬者の列は延々とつらなり、歩道橋をこえて反対側の道路までつづいていた。戦後、航空再開のときに手を差し伸べてくれた元GHQ参謀・米国空軍大佐アーレンの姿もあった。会葬者はみな一様に黙りこんで暗い表情をしていた。

読経と弔辞と焼香の列はつづいた。本堂の真ん中には松尾の大きな写真が微笑んでいた。

職員代表の弔辞は整備工場の戸叶功だった。彼は松尾の写真を見据えた。

「非常に残念です。約束を守らず他界するなどということは、許しがたいことではないでしょうか。卑怯ではないでしょうか」

このくだりにいたって号泣と嗚咽があちこちであがった。役人あがりといわれることを嫌い、佐賀弁を使いつづけ、田夫野人《でんぷやじん》を気取るところがあった松尾は、社員にとって近しい存在だった。

その弔辞では、毎年元旦には交通安全の川崎大師へ参拝に行き、その足で羽田の整備工場の現場を見て回るのが恒例だった、というエピソードが語られた。

機械文明の象徴である航空機の安全と、川崎大師の組み合わせは矛盾するようだが、技術屋出身の松尾がとにかく毎年、そうすることで新年を迎えていた。

「なぜこんなに重い飛行機が空に浮くか。デカイ金属の塊が空中に浮くことは一つひとつのネジ、配線、この機体を操縦する人間が、何一つ誤りをおかしていないからだ。つまり飛行機を作る人、それを整備する人たちすべてが当たり前のことに全力をあげているからだ。その一つが崩れたとき、どうなると思う？」

松尾が亡くなったあと、三男俊介が身の回りを整理していると、父の色紙が大量に出てきた。機長昇格を祝って自ら筆を取った文言や墨絵が書かれたものである。事故が続き昇格が停止となったため、渡されなかった数十枚の色紙だった。松尾の思いを伝えるために、俊介は機長たちに直接手渡したり、社の個人用メールボックスに入れたりした。

社長であったころ、運航本部に松尾は連絡をとったものである。

「丸の内はスモッグで真っ暗だが、羽田はどうかね？」

「だいぶ風雨が強いようだが、飛行機は大丈夫か」

深夜の電話も松尾ならではのことだった。

大宅壮一は松尾を称して「祈りの気持をもつ人」と称した。社外にも松尾の気迫は伝わっていた。

「おれも佐賀の生まれよ。表にたつことは苦手でなあ」

江戸時代、松尾の出身地である佐賀鍋島藩では、武士道を説く「葉隠」が教育の柱として重用視され、それは蔭の奉公を大義とするものだった。松尾もまた、青春時代を「葉隠」の精神風土のなかで過ごしていた。

「蔭の力が大事だ。おれは技術屋だ。今やりたいことは、ライン整備工場の工場長だな」

専務時代にこう語っていた松尾が、作業服を着て飛行機を見上げる姿をわたしは思い浮かべる。

古い時計店に本社をかまえ、旅行会社のような航空会社を創立してから、二十年余の歳月がたとうとしていた。人事をつくして全身全霊で安全運航を追求した男は、最期に無念の思いをくすぶらせたまま、六十九年の生涯を終えることになった。

あとがき

この本には社員番号の話がたびたび登場する。

それは初めて日本航空のアーカイヴズを訪ねたとき、「中丸さんの社員番号は二六三〇四だったようだね」と伝えられたことが、強烈な印象となったからだった。

「僕の社員番号は九五番だよ」と柔和な口調で続けたのが、日本航空創業年に入社した一期生の佐野さんである。

「名前のほうはカイサク、指揮者の小澤征爾の親父さんの名前といっしょ。知っている？」

わたしはこれまで斎藤秀雄など芸術に関わる人の評伝を書いてきた。斎藤の一番弟子ともいえる小澤征爾さんを取材してもいる。征爾という名前をつけた父親のことも調べていたから、佐野さんの名前が開作と書くことがわかった。

アーカイヴズを訪ねたのは、こんどは日本航空の草創期に働いた人々の群像を描いてみたいと思ったからだ。日本航空を描くことは、これまでのテーマが間接的にわたしの人生とつながっているのとは違って、わたしの実人生に直接関係してくるものである。

社会の酸いも辛いも、そして甘いこともたっぷり経験させてもらった青春がＪＡＬであった。

「僕と同じ一期生の吉田さん。僕は口八丁の営業だったけど、彼は運航のほうにいたのね」

「社員番号は一二九番でしたね」

矍鑠《かくしゃく》とした吉田仟さんは、日本航空ではいくつかの職務を経験していた。

この二人はもう八十歳を越えたというのに、ボランティアで日本航空の資料を整理するために、毎日のように羽田のアーカイヴズに出向いてきていた。二人は飛行機が好きでたまらないのである。

昭和二十六（一九五一）年に創立されたとき、日本航空は東京をはじめ大阪、福岡、札幌それぞれの支所を含めても、たった二百四十名ほどの所帯だった。二人の社員番号が二ケタ、三ケタである一方、わたしの社員番号といえば五ケタ。わたしが調べはじめた日本航空の歴史には、その隔たりが如実に現れていた。

社内にはさまざまな職種があり、それらを網羅して、どういうふうに会社が創立されたのか、総括的に日本航空の根っこをしらべてみたい、という思いは、会社の破綻によってさらに増した。書類が大量に眠っているアーカイヴズで資料を探し、まだ日航の社員であるかのように、お二人らと社員食堂でいっしょに昼食の膳をかこむ日々は続いた。

創業期の詳細も聞いた。

　鶴丸誕生の秘話を語ってくれた鷹司信兼さん、夫人の八重子さんからも、貴重なお話をうかがうことができた。

　ＪＡＬスチュワーデスＯＧ会の紹介により、「神話の一ケタ」といわれる元祖スチュワーデスの方々、小野悠子さん、金林政子さん、岩渕隆子さん、このような大先輩たちと、この時期にめぐりあわなければ、この本は成立しなかった。

　資料を調べるなかで、一番惹かれたのは故・松尾静磨だった。彼こそは日本が敗戦のなかから、民間航空を再開させることになった原動力である。しかし、彼のみならず、日本航空の歴史そのものも誤解されていることが多い。本書は、このような誤解を解く一助ともなりたい。

　整備の富永五郎も日本航空の安全運航に大きく寄与した人物である。この二人が健在のときに事故が起こっていないという事実。取材を進めるなかで、松尾さんが社長の時代に事故がなかったのはラッキーだったから、という言葉も何回か聞いたが、果たしてそうなのだろうか。どうやって安全運航が守られたか、そのあたりも探りたかった。

　日本の民間航空の歴史がいかに敗戦によって翻弄され、その後、いかに貧しくとも飛行機への愛情を支えに、強靭なる団結力で立ち上がったか。藤山愛一郎、森村勇、柳田誠二郎ら、当時の日本国民と航空人の気概にも感心した。

レオナルド・ダ・ヴィンチの時代から、鳥のように空を飛ぶことは人間の憧れだった。上空から人々の住む小さな街を望むとき、その営みの長さや、反対に人間の小ささも一挙に感じる。地上でどしゃぶりの雨が降っていたとしても、雲上では蒼々とした空が広がっている。赤く燃えた太陽からは、無限の光が機体に向けておくられてくる。そんな航空に関する仕事には夢がある。

この本を執筆することで、わたしの航空愛は復活した。いかに草創期の先輩たちが奮闘して会社の基礎を築いてきたか、実感としてわかったからだ。

元広報部で深田祐介氏から信頼された都甲昌利さんは、初期の日本航空の概要について教えてくださり、わたしを励ましつづけてくれた。本川幸二さんや、高橋悦子さんからの協力もあおいだ。

また飛行機を愛する先人たちが著した書物から、多くの啓発と知識を得ることができた。特に日航商事出身の松本嘉章さんが発行したパイロット一期生水間博志さんの著作が、当時を詳しく伝えていた。草創期の方々の住所も入手できたのだが、多くの方々が音信不通となっていた。この出版を知って連絡をくださることがあれば嬉しい。

ＪＡＬの草創期を描くことになったが、わたしが勤務した時代には想像を絶する組合問題などもあって、必ずしもいい思い出だけといえず、筆が止まることも多かった。なんとか完成させることができたのも、関係者からの後押しをいただいたおかげである。

竹田悠子さんが大切に保管されてきた資料や写真は、大いに使わせていただいた。また、日本航空広報部の金子泰夫氏、木津一比己氏、門間鉄也氏らをわずらわせた。
最後にアーカイヴズで長い時間をともにさせていただいた吉田さんが先頃突然逝去され、また佐野さんが病に倒れ逝ってしまわれたことが、このうえなく残念に思う。そんな事態は想像できなかったくらいお元気なお二人だった。航空への憧れを持ちつづけ、JALへの思いを刻む人生をお二人は最後まで生きた。出版を待ち望んでくださっているのがわかっていたのに、なぜもっと早く仕上げなかったかと深く悔やむ気持に襲われている。お二人のご冥福を心よりお祈り申し上げます。

二〇一四年十二月四日

中丸美繪

文庫版あとがき

単行本を執筆しているときには音信不通であった草創期の方々と、出版後、幸運にも面識を得ることができた。本書を読んだ日本航空OBの方々から連絡をいただいたのである。

私はスチュワーデスOG会に所属するのみだったが、日本航空には公的な、あるいは私的なOB会がたくさんあるようだった。

客乗OB会は男性パーサーたちが立ち上げた会で、よく一緒に仕事をしていた入江克彦さんから数十年ぶりに連絡をいただいた。出版後、同会に招いてくださり、懐かしい、あるいは初めてお目にかかる大先輩たちと親交を温めることができた。

日本航空創立当時の乗務員と海外赴任の社員たちが創設したという、鶴丸会の方々と面識を得たことは、文庫化の加筆に弾みをつけた。

長い間、連絡が取れなかった整備部門の平沢秀雄さんや斎藤金男さんと連絡がついたのである。平沢さんはスチュワーデス一期生との社内結婚第一号であり、飛行機の調達などで創立当時からサンフランシスコ、ロサンゼルスに駐在していた。斎藤さんは航空局からの転職で、航空機関士の草分けだった。

日本航空が、本来は百パーセント民間資本で始められたことが知られていなかったように、整備部門は当初、社内に存在していなかったため、詳細はほとんど知られていない。その空白を、本書は埋めることができたと信じている。

語学が達者なために、上司に迫られて地上職から男性客室乗務員一期生となった真鍋武男さんは、会社が地上職も乗務職も関係なく一体だった時代の象徴である。一九六四年の東京オリンピックの聖火を運ぶ「聖火号」に航空機関士として乗務し、のちには機長となる佐藤卓三さんが、現在は幹事を務める鶴丸会は、日本航空のまさに「生きる歴史」だった。

ジャンボ導入時の整備部門の秘話を語ってくださった川島靖司さん、さらにエンジン輸入に関係した商社勤務の友人が、松尾静磨氏の長男で日本航空整備株式会社に入社した芳郎さんを紹介してくれた。優れた航空人の父を持つと、どのように飛行機に魅せられるようになるのか、心底理解することができた。三男の俊介さんはパイロットとして世界を飛ぶ一方、辺境の訓練空港の開設などにも関わった。この二人から、父松尾静磨は現場の声を吸い取っていたのだろう。家庭での松尾を描くことができたのは僥倖だった。

日航スチュワーデスOG会、資料確認などで日本航空広報部の方々には最後までお世話になった。また広報部アーカイヴズで今も変わらず資料の整理を続けている方々にも。

単行本が出版された時、赤い鶴丸マーク制作に関わった鷹司信兼さんの発案で、いわば出版記念というべき「日本航空一期生の会」が催された。九十歳を過ぎても矍鑠とした鷹司さんが二〇一六年二月に、また平沢さんが一七年秋に、そして、この文庫発刊の直前には竹田悠子さんが逝去された。ここ数年が草創期を書ける最後のタイミングだったのだと思う。

何度もお目にかかった平沢さんに、文庫についての意見を聞けないのが寂しい。遠隔地への旅が好きな平沢さんは、とうとう最期の旅に出てしまった。先に行かれた奥様のことを語る時の青年のような表情を思い出す。

飛行機が故障しなくなれば、整備士が壊れた箇所を見ることがなくなる、つまりよく故障していた時代のほうが整備技術は高まる、という技術進歩と人間の能力の相反について川島靖司さんは言及された。航空の世界的な過当競争の中で、安全が二の次にされないことを心底願う。

航空人の夢と覚悟に魅せられて、ここまで書くことができました。この本に関わったすべての方々にここでお礼を申し述べたいと思います。ありがとうございました。

二〇一八年五月十八日

参考文献（本文中に明示したものは一部省略しました）

「おおぞら」（日本航空社内誌）
「社報」（日本航空）
『十年史』（十年史編集事務局編　日本航空整備　一九六三年一月）
『日本航空史年表　証言と写真で綴る70年』（伊藤良平監修　財団法人日本航空協会　一九八一年四月）
『日本航空史　昭和戦後編』（日本航空史編纂委員会　日本航空協会　一九九二年九月）
『民間航空』（アルプス・シリーズ　第三十二輯　松尾静磨　商工財務研究会　昭和三十二年六月）
『日本の航空』（松尾静磨　東洋書館　一九五六年五月）
『富永五郎氏追悼録』（野田親則　平沢秀雄　山田普　十時覚　松尾芳郎　宮崎勇　茂呂豊　おおとり　昭和六十三年十月）
『翼の星霜　民間航空の歩みとともに』（水間博志　サンエイジング　一九八六年三月）
『ノンフィクション戦後民間航空史　大空の証言Ⅱ再開』（駿河昭　日刊航空　一九九五年三月）
『おおぞらの飛翔　日本民間航空の歴史とドラマ』（水間博志　共信商事　一九八九年十一月）
『空に生きる　日本航空社長松尾静磨』（松尾静磨　ダイヤモンド社　一九六六年七月）

『世界に伸びるみんなの翼』（企業の現代史49　フジ・インターナショナル・コンサルタント　一九六五年七月）
『昭和の歴史』別巻（昭和の世相　原田勝正編著　小学館　一九八三年九月）

このほか、新聞、雑誌などの掲載記事が当時の世相もあらわし、非常に参考になりました。

本文の写真は写真集「日本航空40年の軌跡」（日本航空）をはじめ竹田悠子さん、真鍋武男さんから提供されたものを使用しました。

本書は『日本航空一期生』（二〇一五年一月、白水社刊）を、
追加取材のうえ、大幅に加筆したものです。

中公文庫

日本航空一期生《にほんこうくういっきせい》

2018年6月25日　初版発行
2021年2月15日　再版発行

著　者　中丸《なかまる》　美繪《よしえ》

発行者　松田　陽三

発行所　中央公論新社
〒100-8152　東京都千代田区大手町1-7-1
電話　販売 03-5299-1730　編集 03-5299-1890
URL http://www.chuko.co.jp/

DTP　ハンズ・ミケ
印　刷　三晃印刷
製　本　小泉製本

Published by CHUOKORON-SHINSHA, INC.
Printed in Japan　ISBN978-4-12-206599-4 C1195

定価はカバーに表示してあります。落丁本・乱丁本はお手数ですが小社販売部宛お送り下さい。送料小社負担にてお取り替えいたします。

各書目の下段の数字はISBNコードです。978－4－12が省略してあります。

中公文庫既刊より

あ-13-4
お早く御乗車ねがいます
阿川弘之
にせ車掌体験記、日米汽車くらべなど、日本のみならず世界中の鉄道に詳しい著者が昭和三三年に刊行した鉄道エッセイ集が初の文庫化。〈解説〉関川夏央
205537-7

あ-13-5
空旅・船旅・汽車の旅
阿川弘之
鉄道のみならず、自動車・飛行機・船と、乗り物全般に並々ならぬ好奇心を燃やす著者。高度成長期前夜の交通文化が生き生きとした筆致で甦る。〈解説〉関川夏央
206053-1

あ-13-6
食味風々録
阿川弘之
生まれて初めて食べたチーズ、向田邦子との美味談義、海軍時代の食事話など、多彩な料理と交友を綴る、自叙伝的食随筆。〈巻末対談〉阿川佐和子〈解説〉奥本大三郎
206156-9

あ-13-7
乗りもの紳士録
阿川弘之
鉄道・自動車・飛行機・船。乗りもの博愛主義の著者が、車内で船上で、作家たちとの楽しい旅のエピソードを、ユーモアたっぷりに綴る。〈解説〉関川夏央
206396-9

あ-13-8
完全版 南蛮阿房列車（上）
阿川弘之
北杜夫ら珍友・奇人を道連れに、異国の鉄道を乗りまくる。ユーモアと臨場感が満載の鉄道紀行。上巻は「欧州畸人特急」から「最終オリエント急行」までの十篇。
206519-2

あ-13-9
完全版 南蛮阿房列車（下）
阿川弘之
ただ汽車に乗るためだけに、世界の隅々まで出かけた紀行文学の名作。下巻は「カンガルー阿房列車」から「ピラミッド阿房列車」までの十篇。〈解説〉関川夏央
206520-8

あ-60-1
トゲトゲの気持
阿川佐和子
襲いくる加齢現象を嘆き、世の不条理に物申し、女友達と笑って泣いて、時には深ーく自己反省。アガワの真実は女の本音。笑いジワ必至の痛快エッセイ。
204760-0

あ-60-2

空耳アワワ

阿川佐和子

喜喜怒楽楽、ときどき哀。オンナの現実胸に秘め、懲りないアガワが今日も行く！　読めば吹き出す痛快無比の「ごめんあそばせ」エッセイ。

205003-7

あ-64-1

ドビュッシー　想念のエクトプラズム

青柳いづみこ

印象主義という仮面の下に覗くデカダンスの黒い影。従来のドビュッシー観を一新し、その悪魔的な素顔に斬り込んだ画期的評伝。〈解説〉池上俊一

205002-0

あ-64-2

ピアニストが見たピアニスト　名演奏家の秘密とは

青柳いづみこ

二十世紀の演奏史を彩る六人の名ピアニストの技と心の秘密を、同じ演奏家としての直観と鋭い洞察で鮮やかに解き明かした「禁断の書」。〈解説〉最相葉月

205269-7

あ-64-3

音楽と文学の対位法

青柳いづみこ

ショパン、シューマンはじめ、六人の大作曲家と同時代の文学との関わりに、モノ書きピアニストの切り口で光を当てた比較芸術論。〈解説〉鴻巣友季子

205317-5

あ-64-4

ピアニストは指先で考える

青柳いづみこ

ピアニストが奏でる多彩な音楽には、どんな秘密が隠されているのか。演奏家、文筆家として活躍する著者が、ピアニストの身体感覚にせまる。〈解説〉池辺晋一郎

205413-4

あ-64-5

六本指のゴルトベルク

青柳いづみこ

小説のなかに取り込まれた数々の名曲。無類の読書家でもあるピアニストが、音楽がもたらす深い意味を読み解く。講談社エッセイ賞受賞作。〈解説〉中条省平

205681-7

あ-64-6

我が偏愛のピアニスト

青柳いづみこ

内外で活躍する日本人ピアニスト一〇人。彼らと語り合う至福のとき。同業者ならではの共感と切り込みで、互いの共通項、相違点を炙りだす。〈解説〉三木　卓

205891-0

あ-64-7

ドビュッシーとの散歩

青柳いづみこ

ドビュッシーの演奏・解釈の第一人者が、偏愛するピアノ作品四〇余曲に寄せたエッセイ集。怪奇趣味、東洋幻想まで、軽やかな文体で綴る。〈解説〉小沼純一

206226-9

各書目の下段の数字はＩＳＢＮコードです。978－4－12が省略してあります。

あ-64-8
ピアニストたちの祝祭 唯一無二の時間を求めて
青柳いづみこ
日本国内のクラシック・イベントに密着。同業のピアニストのステージを、克明にとらえた音楽祭見聞録。自ら出演した舞台裏も活写する。〈解説〉篠田節子
206420-1

い-3-5
ジョン・レノン ラスト・インタビュー
池澤 夏樹 訳
死の二日前、ジョンがヨーコと語り尽くした魂のメッセージ。二人の出会い、ビートルズのこと、至福に満ちた私的生活、再開した音楽活動のことなど。
203809-7

い-3-9
楽しい終末
池澤 夏樹
核兵器と原子力発電、フロン、エイズ、沙漠化、人口爆発、南北問題……人類の失策の行く末は。多分に予見的な思索エッセイ復刊。〈解説〉重松 清
205675-6

い-3-11
のりものづくし
池澤 夏樹
これまでずいぶんいろいろな乗り物に乗ってきた。地下鉄、バス、カヤックに気球から馬まで。バラエティ豊かな乗り物であっちこっち、愉快痛快うろうろ人生。
206518-5

タ-8-1
虫とけものと家族たち
ジェラルド・ダレル
池澤夏樹 訳
ギリシアのコルフ島に移住してきた変わり者のダレル一家がまきおこす珍事件の数々。溢れるユーモアと豊かな自然、虫や動物への愛情に彩られた楽園の物語。
205970-2

い-101-2
チャイ・コイ
岩井志麻子
一人旅で訪れたベトナムで私は恋に落ちた。この男と寝たい、という狂おしい想いを恋と呼ぶならば。つかの間溺れた、性愛の物語。第二回婦人公論文芸賞受賞。
204498-2

い-110-1
良いおっぱい 悪いおっぱい〔完全版〕
伊藤比呂美
一世を風靡したあの作品に、3人の子を産み育て、25年分の人生経験を積んでパワーアップした伊藤比呂美が大幅加筆！「やっと私の原点であると言い切ることができます」
205355-7

い-110-2
なにたべた？ 伊藤比呂美＋枝元なほみ往復書簡
伊藤比呂美
枝元なほみ
詩人は二つの家庭を抱え、料理研究家は二人の男の間で揺れながら、どこへ行っても料理をつくっていた。二十年来の親友が交わす、おいしい往復書簡。
205431-8

い-110-4
閉経記
伊藤比呂美
更年期の女性たちは戦っている。老いる体、減らない体重、親の介護、夫の偏屈と。ホルモン補充療法に挑戦、ラテン系エクササイズに熱中する日々を、無頼かつ軽妙に語るエッセイ集。
206419-5

う-36-1
ニッポンが変わる、女が変える
上野千鶴子
女の力を活かさないこの国に未来はない——上野千鶴子が12人の尊敬する女性を迎え、3・11後の世界を生きる知恵、そして新たな希望について語り合う対談集。
206333-4

お-92-1
昭和式もめない会話帖
大平一枝
泥酔した人に優しく一言「お元気が過ぎましたのね」……昭和映画に教わる、技ありフレーズ590本。仕事、恋愛、冠婚葬祭に！　おしゃべりの腕前が上がる会話帖。
206502-4

か-76-1
女の残り時間　ときめきは突然、やってくる
亀山早苗
普通の女が「女」に目覚める時——「女としての部分」に不安を抱く女性たちの迷い戸惑う姿を描く。夫には知られたくない、妻には読ませたくない、四十代女性の性の現実。
205306-9

か-76-2
男と女…　セックスをめぐる五つの心理
亀山早苗
男と女を隔てる心の壁と肉体の壁。それらを乗り越え、悦びへと至る方法はあるのか？　数百人の男女を取材してきた著者が炙り出す現代セックス事情。
205478-3

か-76-3
妻と恋人　おぼれる男たちの物語
亀山早苗
「大事なのは妻だけど、愛しているのはキミだよ」——婚外恋愛に突然はまってしまった、妻と恋人のあいだで惑う不器用で一途な男たちの姿を描く。
205531-5

く-16-3
快《け》楽《らく》　更年期からの性を生きる
工藤美代子
現実と欲望の間で揺れる身体とこころ——求めつづける女たち。「婦人公論」連載時から話題沸騰の衝撃のノンフィクション。更年期世代の性の実態が、今、明らかになる。
205119-5

く-16-4
われ巣鴨に出頭せず　近衛文麿と天皇
工藤美代子
戦犯法廷を拒んで自決した悲劇の宰相・近衛文麿が命を賭して守ったものとは？　膨大な史料を駆使し、新たな近衛文麿像に迫る傑作ノンフィクション。〈解説〉田久保忠衛
205178-2

各書目の下段の数字はISBNコードです。978－4－12が省略してあります。

く-16-6
炎情　熟年離婚と性
工藤美代子
これまでほとんど語られる機会はなかったが、長年連れ添ったパートナーとの離別には、〝性〟の問題が深く含まれていた。〈解説〉岩井志麻子
205637-4

く-16-7
なぜノンフィクション作家はお化けが視《み》えるのか
工藤美代子
〝霊感〟に疎い私だけれど、どうもお化けに好かれているらしい⁉　ノンフィクション作家の身の回りで起こる不思議で、ひんやり、じんわり怖い、二十四話。
205667-1

こ-53-1
周極星（上）
幸田真音
巨大市場・中国――混沌の新天地に若き日本人ファンドマネージャーが挑んだ！　老獪な邦銀支店長、美貌の中国系投資会社社長……欲望渦巻く上海を舞台に描く経済小説。
205280-2

こ-53-2
周極星（下）
幸田真音
証券化ビジネスの先駆者となる絶好のチャンスを手にした織田に痛烈な事実が！　引かれ合っては衝突する日本と中国の間で、新たな時代を予見させる会心作。〈解説〉児玉清
205281-9

こ-53-3
CC：カーボンコピー
幸田真音
広告代理店で働く香純41歳。年下の恋人とともに、生保の不払い問題に対処する広告プロジェクトを手がけるが、思わぬ波紋が広がり、脅迫状まで届き――。
205585-8

こ-53-4
スケープゴート　金融担当大臣・三崎皓子
幸田真音
〝昔の男〟からの電話で政界入りすることになった大学教授の三崎皓子。選挙でトップ当選、官房長官に抜擢後、総理が倒れ――。日本初の女性総理誕生なるか？
206471-3

さ-27-3
妻たちの二・二六事件　新装版
澤地久枝
〝至誠〟に殉じた二・二六事件の若き将校たち。彼らへの愛を秘めて激動の昭和を生きた妻たちの三十五年をたどる、感動のドキュメント。〈解説〉中田整一
206499-7

た-46-10
旅は道づれ雪月花
高峰秀子
松山善三
京都・金沢・札幌・神戸……。日本各地の老舗ホテルや料理屋で、一流を知り尽くす二人が、真の豊かさを堪能。美味と妙味あふれる夫婦かけあい旅エッセイ。
206315-0

た-46-9
いいもの見つけた
高峰秀子
歯ブラシ、鼻毛切りから骨壺まで。高峰秀子が選び抜いた身近な逸品。徹底した美意識と生活の知恵が生きた、豊かな暮らしをエンジョイするための本。カラー版。
206181-1

な-27-1
チャイコフスキー・コンクール
ピアニストが聴く現代
中村紘子
世界的コンクールの舞台裏を描き、国際化時代のクラシック音楽の現状と未来を鮮やかに洞察する長篇エッセイ。大宅壮一賞受賞作。〈解説〉吉田秀和
201858-7

な-27-2
どこか古典派《クラシック》
中村紘子
世界中の「ピアニストの領分」を出たり入ったり。名ピアニストが言葉で奏でる、自由気ままなエッセイは、やっぱりどこか古典派。〈解説〉小林研一郎
204104-2

な-27-3
コンクールでお会いしましょう
名演に飽きた時代の原点
中村紘子
今なぜ世界中でクラシック音楽のピアノコンクールがさかんなのか。その百年にわたる光と影を語って、クラシック音楽の感動の原点を探る。〈解説〉苅部 直
204774-7

な-27-4
ピアニストという蛮族がいる
中村紘子
ホロヴィッツ、ラフマニノフら、巨匠たちの天才ぶりを軽妙に綴り、幸田延、久野久の悲劇的な半生が感動を呼ぶ、文藝春秋読者賞受賞作。〈解説〉向井 敏
205242-0

な-27-5
アルゼンチンまでもぐりたい
中村紘子
著者ならではの、鋭い文明批評と、地球の裏側まで、穴があったら入りたいほどの失敗談。音楽の周囲に集まるとっておきのエピソード。〈解説〉檀 ふみ
205331-1

は-45-1
白蓮れんれん
林 真理子
天皇の従妹にして炭鉱王に再嫁した歌人柳原白蓮。彼女の運命を変えた帝大生宮崎龍介との往復書簡七百余通から甦る、大正の恋物語。〈解説〉瀬戸内寂聴
203255-2

は-45-3
花
林 真理子
芸者だった祖母と母、二人に心を閉ざしキャリアウーマンとして多忙な日々を送る知華子。大正から現代へ、哀しい運命を背負った美貌の女三代の血脈の物語。
204530-9

各書目の下段の数字はＩＳＢＮコードです。978－4－12が省略してあります。

は-45-4
ファニーフェイスの死
林　真理子
ファッションという虚飾の世界で短い青春を燃やし尽くすように生きた女たち――去りゆく六〇年代の神話的熱狂とその果ての悲劇を鮮烈に描く傑作長篇。
204610-8

は-45-5
もっと塩味を！
林　真理子
美佐子は裕福だが平凡な主婦の座を捨て、天性の味覚だけを頼りにめくるめくフランス料理の世界に身を投じるが……。ミシュランに賭けた女の人生を描く。
205530-8

は-45-6
新装版　強運な女になる
林　真理子
強くなることの犠牲を払ってきた女だけがオーラを持てる。ぴかりと光る存在になるために運気を貯金しよう――。時代を超えて愛読される「女のバイブル」。
206841-4

や-47-1
がん患者学Ⅰ　長期生存患者たちに学ぶ
柳原　和子
現代医療の予測を遥かに超えて長期生存を遂げた患者たち。彼らはどのようにがんと闘ってきたのか？　自らががん患者である著者による魂の記録。〈解説〉岸本葉子
204343-5

や-47-2
がん患者学Ⅱ　専門家との対話・闘病の記録
柳原　和子
自らががん患者である著者が、現代がん医療のあるべき姿を求めて多くの患者と医療関係者を訪ね、ともに思考した魂のノンフィクション、第二弾！〈解説〉後藤正治
204350-3

よ-36-1
真夜中の太陽
米原　万里
リストラ、医療ミス、警察の不祥事……日本の行詰った状況を、ウイット溢れる語り口で浮き彫りにし今後のあり方を問いかける時事エッセイ集。〈解説〉佐高　信
204407-4

よ-36-2
真昼の星空
米原　万里
外国人に吉永小百合はブスに見える？　日本人没個性説に異議あり！「現実」のもう一つの姿を見据えた激辛エッセイ、またもや爆裂。〈解説〉小森陽一ほか
204470-8

よ-36-3
他《た》諺《げん》の空《そら》似《に》　ことわざ人類学
米原　万里
古今東西、諺の裏に真理あり。世界中の諺を駆使しながら、持ち前の毒舌で現代社会・政治情勢を斬る。知的風刺の効いた名エッセイストの遺作。〈解説〉酒井啓子
206257-3